Teoria della Pratica Centrata sulla Soluzione

EUROPEAN BRIEF THERAPY ASSOCIATION

La conoscenza è alla fine basata sul riconoscimento.

Ludwig Wittgenstein, Sulla certezza, §378.

INDICE

Prefazione all'edizione italiana

Scrivo questa prefazione al libro *Theory of Solution-Focused Practice* con la riconoscenza dovuta a chi ha appoggiato e creduto al nostro Centro per rappresentare ufficialmente il modello centrato sulla soluzione in Italia. Sono passati molti anni da quando io e miei collaboratori abbiamo cominciato ad utilizzare questo modello come prezioso strumento nella cura delle persone nelle più svariate problematiche psicologiche. A questo proposito, abbiamo pubblicato numerosi articoli di ricerca e testi che introducevano alla teoria e alla pratica della terapia (p. es.: As If, 2019; Manuale di Terapia Centrata sulla Soluzione, 2014).

Utilizzare la Terapia Breve Centrata sulla Soluzione nei diversi contesti è stata un'esperienza significativa permettendoci di scoprire un modo veramente nuovo di vedere la realtà. La TBCS appare una psicologia semplice ma non è assolutamente banale. Anzi, la prassi della pratica è assai complessa ed è necessario un lungo training teorico ed applicativo per padroneggiarla correttamente. Ma cosa fa della TBCS una modalità d'intervento così peculiare e speciale?

Sicuramente un aspetto centrale è il rovesciamento della visione del terapeuta come promotore del cambiamento attraverso lo spostamento d'attenzione dal problema alla soluzione. Al terapeuta è richiesto lo sforzo di cambiare la visione percettiva dell'oggetto d'osservazione. Esattamente come nelle *figure ambigue* della teoria della Gestalt in cui un oggetto può essere percepito in un modo o in un altro. Altro elemento è rappresentato dal linguaggio e dal condizionamento dei giochi linguistici (Wittgestein, 1953), che adottiamo per interpretare e gestire il nostro stare al mondo.

E sono proprio le regole linguistiche che seguiamo a livello personale e culturale che ci condizionano nel cosiddetto gioco relazionale. Se quindi indossiamo gli "occhiali" di una determinata modalità o teoria di riferimento per guardare al mondo, saremo indotti ad agire di conseguenza. Il modello che adottiamo determina la visione della nostra realtà e quest'ultima in modo circolare cambia il nostro approccio di riferimento. Se infatti approfondiamo il concetto adottando una visione sistemica possiamo accorgerci della veridicità della nostra osservazione. Viviamo, infatti, in un "universo" relazionale interdipendente che continuamente si influenza vicendevolmente. Paul Watzlawick asseriva a tal proposito che non esistono menti malate ma solamente interazioni patologiche. La Terapia Breve Centrata sulla Soluzione prende in grande considerazione l'aspetto interattivo/relazionale. A questo proposito vale la pena di rammentare l'importanza della personalità di ognuno e quanto questa conti nel caratterizzare il rapporto tra le persone.

La mente vive e si sviluppa nella interazione con il mondo e in quest'ultimo è compresa essa stessa. Essa discorre continuamente determinando via via quei vincoli o quelle possibilità utili al perseguimento vitale. Per questo la non comunicazione e il non cambiamento sono da ritenersi impossibili dato che qualsiasi variazione di *movimento* dell'organismo vivente deve essere considerato come comunicazione.

Nella Terapia Breve Centrata sulla Soluzione lo sforzo terapeutico è volto a far sì che la persona acquisisca il più possibile autonomia nel suo processo di cambiamento. Compito del terapeuta è quindi quello di creare le condizioni favorevoli perché ciò accada. Per fare questo porrà molta attenzione all'aspetto del linguaggio e della comunicazione in seduta. La persona solitamente porta al professionista di un qualsiasi altro approccio terapeutico un problema che vuole risolvere ed è questo il "gioco linguistico relazionale" che viene normalmente esplicitato. Il terapeuta in questo caso deve concentrarsi su come sciogliere il nodo del problema analizzando le cause presenti e passate.

Nella prassi della Terapia Centrata sulla Soluzione il processo viene rovesciato perché più che concentrarsi sul problema in se ci si *orienterà* su cosa è importante veramente per cambiare la situazione, ovvero la soluzione. Per individuare quest'ultima sarà necessario spostare completamente il *focus* dell'attenzione dal problema, da ciò che non funziona, dalle incapacità e presunti deficit della persona e rendere sempre più coscienti e utilizzabili le parti positive, le risorse e ciò che effettivamente e nonostante tutto funziona. Questo radicale spostamento dell'attenzione, come dicevamo, è un vero e proprio cambio di paradigma personale, anche per il terapeuta spesso abituato a curare le persone seguendo inconsapevolmente un modello medico. Vale a dire: ponendo una diagnosi sul problema o su cause passate che determinano la situazione attuale, scegliendo un protocollo per quella specifica patologia o andando ad analizzare nel profondo la psiche individuale.

Elemento inoltre di notevole rilevanza riguarda il fatto che la TBCS, aspetto caratteristico rispetto anche ad altre forme di Terapia Breve, presenta a livello internazionale numerose pubblicazioni scientifiche che accertano la sua validità come *Best Practice* nella risoluzione di molteplici psicopatologie e viene considerato, insieme alla Terapia Cognitivo Comportamentale uno dei modelli più efficaci ed efficienti.

Questo libro è il frutto del lavoro congiunto di eccellenti esperti e ricercatori nell'ambito Solution Focused riuniti in un gruppo di lavoro promosso da EBTA (European Brief Therapy Association), e rappresenta la summa degli ultimi sviluppi del modello. Siamo grati anche del fatto che dal 2021 in Italia La Fondazione Franceschi rappresenta ufficialmente la TBCS in Italia e attraverso i suoi esponenti fa parte attivamente del gruppo di approfondimento teorico sul modello, riconoscendoci pertanto un ruolo di primo piano nello sviluppo della teoria e della pratica Solution Focused.

Il testo è semplice e di scorrevole lettura e mi auguro che anche il pubblico italiano apprezzi il lavoro svolto e la chiarezza trasmessa. Come altri testi da noi pubblicati sul modello in Italia questo rappresenta ufficialmente la nostra collaborazione internazionale al progetto di diffusione in Italia di questo affascinante orientamento psicoterapeutico.

Dicembre 2021

Andrea Leonardi
Vicepresidente Fondazione Franceschi Onlus

Bibliografia

Leonardi, A., Wolf, F., Scavelli, S., (eds.), (2019), *As If. Brief Contribution to Brief Therapy*, Firenze: Fondazione Franceschi Onlus.

O'Connell, B., Palmer, S., (2014), *Manuale di Terapia Centrata sulla Soluzione*, Firenze: Libriliberi.

Wittgenstein, L., (1953, 1958), *Philosophische Untersuchungen. Philosophical investigations*, a cura di G.E.M. Anscombe e Rush Rhees, Oxford: Blackwell.

Prefazione

La ricerca di una teoria della pratica centrata sulla soluzione iniziò dopo la morte di Steve de Shazer, con gli incontri su un "quadro più ampio" di Gale Miller e Mark McKergow nel 2008.

Questi erano incontri alla ricerca di idee simili a quelle della tradizione centrata sulla soluzione. Molte somiglianze sono state trovate soprattutto nella filosofia e gli incontri furono coinvolgenti e liberatori. "Potremmo spiegare la pratica centrata sulla soluzione in modi che si possano collegare a ciò che altri hanno detto. C'era anche qualcosa di distinto e abbastanza unico in questo approccio. Potremmo descriverlo in modo più preciso e potremmo essere d'accordo[1]?" Si trattava di qualcosa di interessante da scoprire!

La *European Brief Therapy Association* (EBTA) istituì un gruppo per definire la pratica centrata sulla soluzione e nel 2010 venne discussa dal consiglio la prima "Definizione Pratica" e, con nostra sorpresa, venne concordata! Sì, c'erano alcune differenze nell'enfasi, ma con diverse possibilità incluse e non rimasero disaccordi sostanziali.

La tappa successiva nello sviluppo di questa teoria fu la plenaria e il seminario di Janet Bavelas e Harry Korman "La SFBT ha una teoria?" alla conferenza annuale dell'EBTA nel 2014[2]. Essi avevano analizzato i libri di Steve de Shazer e presentarono quelli che

---

[1] Sundman, nota personale da questi incontri.
[2] Bavelas et al. (2014).

chiamarono i "postulati per una teoria della Terapia Breve Centrata sulla Soluzione".

In questo modo, anche Steve de Shazer, sebbene critico nello spiegare il suo lavoro e quello dei suoi colleghi, ebbe una base teorica! - Questo ci incoraggiò nel gruppo EBTA a continuare la ricerca in questa direzione.

Sono state di grande importanza nel nostro lavoro altre due prospettive interessanti.

In primo luogo, come radicare le idee e gli obiettivi all'interno della comunità centrata sulla soluzione. Questo è interessante perché la pratica è aperta, nel senso che nessuno ha il copyright su di essa. Radicarlo con i colleghi è stato un modo per avere un'idea di ciò che la comunità centrata sulla soluzione vuole e accetta. Di conseguenza, il testo che ora proponiamo è stato da allora discusso in tutte le conferenze EBTA sia con molti colleghi che con i nostri tirocinanti. Siamo stati anche felici che altre organizzazioni e persone negli ultimi anni abbiano presentato le loro idee su cosa sia la pratica centrata sulla soluzione.

L'altra prospettiva interessante è che il principio del "rasoio di Ockham", cioè di utilizzare la via più semplice, è stato adottata come linea guida dalla maggior parte degli sviluppatori centrati sulla soluzione. Qui usciamo da questa tradizione presentando una teoria più inclusiva con diversi principi della pratica e diversi modi di attuare pratiche SF. Ciò rende la pratica SF un po' meno distintiva, ma più utilizzabile in contesti e stili diversi.

Infine, un'osservazione sui contesti. Il lavoro centrato sulla soluzione viene praticato con buoni risultati in ambiti sorprendentemente diversi. L'espansione continua nella misura in cui abbiamo deciso di proporre che questa teoria sia applicabile in diversi contesti. Tuttavia, lasciare indefiniti i confini della pratica centrata sulla soluzione, potrebbe essere considerato una debolezza, poiché supponiamo che esistano. Pertanto, questo e altri aspetti devono essere affrontati in futuro.

Quindi, la ricerca continuerà! E invitiamo tutti i nostri lettori a diventare parte di questa conversazione in corso.

Luglio 2020
EBTA Practice Definition Task-Group

Teoria della Pratica Centrata sulla Soluzione

Versione 2020, a cura di:

Peter Sundman

Matthias Schwab

Ferdinand Wolf

John Wheeler

Marie-Christine Cabié

Svea van der Hoorn

Rytis Pakrosnis

Kirsten Dierolf

Michael Hjerth

Introduzione

Questo scritto è il risultato di una collaborazione tra una serie di autori che collaborano come gruppo di lavoro della *European Brief Therapy Association* (EBTA). Gli autori si sono scambiati le versioni di questo documento per diversi anni. Versioni precedenti sono state proposte a una varietà di pubblico, al consiglio di amministrazione dell'EBTA, a conferenze e, in modo informale, tra colleghi, al fine di invitare e includere più punti di vista sul controverso argomento di una teoria per la pratica centrata sulla soluzione. I coautori attendono commenti e suggerimenti in modo che possano continuare le ulteriori spirali dell'evoluzione della teoria della pratica solution focused.

Il nostro scopo è quello di presentare una teoria coerente della pratica centrata sulla soluzione per coloro che vogliono comprenderne la logica, assieme a una descrizione completa della sua pratica affinchè possa essere utilizzata per scopi di formazione e di sviluppo.

La teoria viene qui definita come una teoria del processo[3] che descrive come viene eseguita la pratica centrata sulla soluzione, insieme a spiegazioni di come e perché il processo viene avviato, perché va in una certa direzione e chi ne è responsabile. Vengono

---

[3] Morris (2005). Una teoria dei processi è un sistema di concetti interconnessi e interagenti, che tenta di spiegare e prevedere come qualcosa stia accadendo piuttosto che cosa essa sia.

inoltre descritti il fondamento logico e le ipotesi su cui si basano la teoria e le previsioni generali dei risultati.

Questo documento è anche inteso come un resoconto di ciò che la pratica centrata sulla soluzione, le sue scelte ed ipotesi preferite, presunte, ideali, dichiara d'essere[4].

La pratica centrata sulla soluzione si basa sul lavoro di Milton Erickson (Erickson 1954a, 1954b), reso popolare da Haley (1986), (credenze del cliente, individualità, capacità di cambiare, scelta personale, relazioni, linguaggio, istruzioni, interazione), il lavoro del Mental Research Institute (Weakland et al.1974), (interazione, comportamento, agire diversamente, quadri di riferimento, riformulazione) e idee dalla terapia sistemica (ad esempio Cecchin 1987, Minuchin 1974 & Selvini-Palazzoli et al.1973), (cibernetica, comunicazione, retroazione, relazioni, reti, complessità). Da un punto di vista teorico, il costruttivismo sociale, la filosofia del linguaggio, vale a dire il lavoro di Ludwig Wittgenstein, e il pensiero Buddista che hanno ispirato gli sviluppatori del modello[5].

La pratica si basa su oltre trent'anni di sviluppo teorico, attività clinica e ricerca empirica di Insoo Kim Berg, Steve de Shazer e dei loro colleghi e clienti presso il Milwaukee Brief Family Therapy Center all'inizio degli anni '80.

---

[4] L'approccio focalizzato sulla soluzione è stato definito "una chiacchiera" da Gale Miller e Steve de Shazer (Miller e de Shazer 1998), perché gli sviluppatori e i formatori di solito esprimono solo ciò che ritengono sia il pensiero e la pratica focalizzati sulla soluzione.

[5] Watzlawick (1980), de Shazer et al. (2006), Miller & McKergow (2012).

Il modello centrato sulla soluzione, da allora, è stata sviluppato da molti professionisti in molti paesi in tutto il mondo.

L'approccio principale nello sviluppo è stato di tipo induttivo, cercando attivamente argomenti logici nella pratica clinica che indicassero il supporto per certe pratiche, conclusioni e generalizzazioni teoriche[6].

La ricerca di microanalisi di Janet Bavelas e del suo team ha aggiunto un approccio abduttivo (Lipton 2001) - ricerca di schemi che oscilla tra ciò che avviene nel mondo vissuto tra clienti e professionisti e il mondo delle idee astratte.

La pratica centrata sulla soluzione è aperta a chiunque per sviluppi ulteriori, il che pone la questione di ciò che è poco chiaro - ed è un ulteriore motivo per fare questa teoria.

Il nostro sforzo è stato quello di raccogliere e mettere insieme molte idee ben argomentate e fondate che si inseriscono logicamente in un quadro coerente.

Questo lavoro è iniziato nel 2007 con una serie di incontri che indagavano le connessioni tra idee centrate sulla soluzione e altre idee in filosofia, sociologia, psicologia e campi correlati.

Nel 2010 l'EBTA ha fondato un gruppo di lavoro per formulare una *Definizione Pratica*, che è stata adottata dall'EBTA nel 2012 e rivista nel 2013. Il gruppo di lavoro ha continuato il suo lavoro ospitando

---

[6] Argomenti ben documentati sono, ad esempio, i concetti e l'uso delle eccezioni, la domanda del miracolo e la tecnica della scala.
Per approfondimenti su tali tecniche, vedi O'Connell e Palmer, 2014 (N.d.T.).

discussioni aperte a conferenze, discussioni informali con i colleghi e raccogliendo i dati pubblicati[7]. Durante questi anni altri hanno anche introdotto quadri correlati, come il *Solution Focused Therapy Treatment Manual for Working with Individuals* a cura del SFBTA, *Clues 1.1 and 1.2* (un elenco delle tecniche SF in azione) a cura del SFCT e *Accreditable Practice and Accreditable Practitioners* (2015) a cura del UKASFP, insieme a diversi articoli che mostrano l'interesse generale nella definizione dell'approccio centrato sulla soluzione[8].

Siamo consapevoli delle riserve sulla teoria che proponiamo qui.[9] C'è sempre stato, tuttavia, un ragionamento rigoroso che fonda la pratica centrata sulla soluzione[10]. Il primo documento simile a questo era già stato scritto nel 1996[11]. Rendere esplicito questo ragionamento, crediamo, sarà utile per l'ulteriore sviluppo della pratica. La teoria si manifesta negli assunti concettuali, nelle nozioni e nei presupposti a cui attribuiamo e nelle descrizioni della pratica che usiamo.

La pratica centrata sulla soluzione è stata inizialmente sviluppata nel contesto terapeutico. Una caratteristica è che si è evoluta nel

---

[7] Tra gli altri: discussioni durante gli "open space" alle conferenze EBTA (2015-2019), discussioni alla SFT-List (2017).

[8] Per esempio, Froerer & Connie (2016), McKergow (2016) or Korman (2017).

[9] Ad esempio, Steve de Shazer ha scritto in Words were originally magic: "Ho deciso che la mia unica risorsa era seguire il consiglio di Wittgenstein (1958) e rinunciare a tutta la teoria" (de Shazer, 1994, p.32) e nella famosa intervista con Michael Hoyt ha detto: "Non lasciare che la teoria si intrometta. Le teorie ti accecheranno. "(Hoyt, 2001, p.29).

[10] Il primo ragionamento teorico è stato pubblicato nel 1974 (Weakland et al., 1974).

[11] Berg & De Jong (1996).

contesto della terapia familiare così come della terapia individuale. Pertanto, sin dall'inizio, la pratica centrata sulla soluzione doveva espandersi ed essere sufficientemente robusta e flessibile per essere pertinente e appropriata quando si lavorava sia con individui che con gruppi. Dagli anni '80 si è diffusa in diversi campi di lavoro come il coaching, l'istruzione, il lavoro di gruppo, lo sviluppo organizzativo e la consulenza. Questa teoria è pensata per essere applicabile in tutte le diverse aree del lavoro centrato sulla soluzione, sebbene esempi e descrizioni potrebbero mostrare pregiudizi verso il contesto terapeutico, a causa del retroterra pratico degli autori e dello sviluppo originale in questo contesto. Ulteriori discussioni e analisi mostreranno probabilmente dove questa teoria richiede un ulteriore sviluppo al fine di adattarsi al meglio. Nel mondo SF, la teoria è utile solo in quanto è pragmatica. Dovrebbe consentire la ricerca, supportare i professionisti e migliorare la qualità dei servizi ai clienti.

Usiamo il termine "pratica centrata sulla soluzione" come nome di questa teoria per riconoscere sia i creatori che gli altri sviluppatori più recenti, all'interno e all'esterno del contesto terapeutico. Alcuni lettori potrebbero avere familiarità con il termine "Terapia Breve Centrata sulla Soluzione" (SFBT) dal contesto terapeutico. Riconosciamo questo nome come parte della storia della forma della pratica che questo documento esplora e amplia. Altri nel campo organizzativo usano il termine "Pratica SF" quando descrivono ciò che qui chiamiamo *pratica centrata sulla soluzione.*

Le parole "cliente" e "clienti" sono qui utilizzate per la persona o le persone che cercano collaborazione e supporto nei loro percorsi di cambiamento. Tutti i clienti appartengono a svariate tipologie, come una coppia, una famiglia o una squadra, con i propri valori, linguaggio, obiettivi e comportamenti unici.

È pratica comune prendere in considerazione questi gruppi e coinvolgere loro e le persone al loro interno nel processo di cambiamento, perché questo apre possibilità per utilizzare i loro modelli di interazione, i loro diversi punti di vista e alternative, per fare esperimenti comportamentali e per valutare le molteplici conseguenze del cambiamento[12].

Il cambiamento del cliente è quindi un cambiamento anche per questi gruppi. Ad esempio, quando i singoli membri del personale cambiano, il loro reparto cambia e l'azienda cambia in una certa misura. A volte ciò che inizia come il cambiamento di una persona finisce con un cambiamento su larga scala. A volte il gruppo organizzativo o l'impostazione specifica stabiliscono i requisiti per il cambiamento della persona.

Questi specifici problemi di gruppo sono per lo più implicitamente indicati nel testo. Una domanda per il cliente può quindi essere una domanda che invita a risposte individuali da parte di molte persone nel gruppo, o una risposta che rappresenta il gruppo nel suo insieme.

La pratica SF pone attenzione all'l'individuo all'interno della trama interattiva, senza privilegiare l'individuo sul collettivo. La descrizione della teoria ha tre parti correlate. Inizia con il

---

[12] de Shazer (1991).

descrivere il contesto della pratica centrata sulla soluzione. In secondo luogo, vengono presentati il pensiero concettuale relativo al modello di base della pratica centrata sulla soluzione, insieme alle principali scelte etiche e ai suoi presupposti. Infine, gli elementi caratteristici e gli argomenti chiave nelle conversazioni centrate sulla soluzione sono evidenziati in una descrizione del processo di cambiamento. Le parti presentate qui di seguito si sovrappongono e si relazionano l'un l'altra. Tutte hanno qualcosa di unico. La pratica non può, ad esempio, essere completamente descritta o spiegata, poiché il linguaggio non chiarisce tutto. Ogni momento della vita è unico e diverso da ciò che i concetti possono captare. Il nostro pensiero richiede intuizioni ma, d'altra parte, "le intuizioni senza concetti sono cieche"[13].

Come gli sviluppatori del modello centrato sulla soluzione, vogliamo mantenere l'attenzione su ciò che sta accadendo nella pratica e non farci distrarre o diventare rarefatti dalle spiegazioni, cosa che può facilmente accadere tra i professionisti. Vogliamo tuttavia rendere chiari alcuni concetti fondamentali al fine di spiegare le ragioni di ciò che viene fatto nella pratica centrata sulla soluzione.

Sia la spiegazione che la descrizione possono essere viste come cornici concettuali reciprocamente interdipendenti o superfici di uno spazio che è creato dalla pratica.

Le nostre azioni e il modo in cui viviamo la nostra vita quotidiana vengono descritti e spiegati da diversi lati e angolazioni. Tuttavia,

---

[13] Kant (1914, p.75).

la nostra rappresentazione può e, per mezzo della creatività, andare oltre la teoria e la descrizione in molti modi. Questo non deve essere visto in termini di teoria o descrizione a meno che non la approfondiamo. La nostra posizione è quindi che la pratica è fondamentale per il suo riflesso nell'oscillazione tra il descrivere e lo spiegare ciò che le persone fanno.

I. Pratica: Essere nel contesto

La pratica è qualcosa di cui nessuno può fare a meno. Gli esseri umani possono smettere di pensare e riflettere o addirittura essere completamente inconsapevoli delle proprie azioni, ma non possono interrompere la pratica. Inoltre, tutte le forme di pratica umana vengono inevitabilmente eseguite in un certo contesto. Il concetto di "contesto" è qui utilizzato come un modo per differenziare pratiche diverse l'una dall'altra. Questa sezione descrive quale è il contesto per la pratica centrata sulla soluzione e quale contesto viene creato da e all'interno della pratica centrata sulla soluzione.

Tutte le pratiche professionali, ed anche quella centrata sulla soluzione, avvengono da qualche parte, in un momento particolare e in una relazione diretta o immaginata con qualcuno e qualcosa che viene definito come "essere nel contesto".

I contesti sono situazioni di interazione sociale che inquadrano il modo in cui le persone percepiscono, usano, interpretano il linguaggio e l'azione. "Sentirsi meglio" significa qualcosa di diverso rispetto a quanto espresso con un medico rispetto a ciò che significa con un coniuge, per fare un esempio. Il significato di "sentirsi meglio" può anche essere negoziato e modificato facendo riferimento a speranze per il futuro, piuttosto che ad esperienze passate. Si può definire a parole ciò che è stato inarticolabile e cambiare il significato di un contesto, come "sentirsi meglio, perché mi prendi sul serio, che di fatto è il problema"[14].

Le persone, inoltre, creano e cambiano i loro contesti. Quindi, ciò che è rilevante in una sessione di formazione è quindi diverso da ciò che è rilevante in una sessione di terapia.

I contesti definiscono anche relazioni e ruoli. Ad esempio, in uno studio, la relazione tra due persone è complementare. Un cliente che cerca aiuto può percepire un terapeuta in una posizione superiore[15]. Le stesse persone se si incontrassero durante una festa non avrebbero lo stesso tipo di relazione, sebbene il contesto della loro relazione terapeutica potrebbe comunque influenzare le loro interazioni alla festa. Inoltre, a seconda del contesto, le persone si comportano diversamente. Gli infermieri spesso sperimentano questo quando, ad esempio, accompagnano un gruppo di pazienti all'aperto al ristorante, il comportamento dei pazienti è molto diverso da quello che hanno mentre sono nell'unità di cura.

---

[14] Miller & McKergow (2012).
[15] I clienti, in quanto committenti che pagano, possono anche percepire se stessi come superiori.

Questi contesti di interazione sociale sono condizionati dalle riflessioni individuali e viceversa[16]. Ciò significa che il significato non può essere separato dal contesto in cui le parole e le azioni vengono utilizzate e interpretate. Inoltre, qualsiasi parola utilizzata si riferisce ad altre parole e azioni utilizzati in altri contesti da altre persone con altri significati. Il significato contestuale implica anche un orientamento più generale a (o un senso di) ciò che è in questione nell'interazione e le sue implicazioni per il passato e il futuro[17]. Classificare qualcuno, ad esempio, come "madre" o "schizofrenica", attribuisce un significato alla persona e al contesto. Questa attribuzione di significato è più, e nella maggior parte dei casi qualcosa di diverso, dal dare a una cosa un'etichetta con il nome. Coinvolge un processo complesso e una storia di intenzioni, valori, esperienze e interazioni sociali.

Il contesto specifico in cui si è evoluto originariamente il lavoro centrato sulla soluzione è stato il contesto della pratica psicoterapeutica, che è spesso definito come "cura attraverso la parola[18]". Il discorso, il colloquio, è stato visto come un veicolo per il cambiamento e quindi è stato uno delle principali aree di interesse, riflessione e ricerca. In questo contesto, qualcuno che ha problemi nella propria vita cerca un aiuto riservato[19] da parte di un professionista qualificato. A volte i professionisti possono

---

[16] Lauth (1989).
[17] Miller (2008).
[18] de Shazer et al. (2007). "Cura attraverso la parola" fu introdotto per la prima volta nel 1895 da Joseph Breuer e Sigmund Freud negli *Studien über Hysterie*.
[19] La riservatezza, ad esempio, ha svolto un ruolo importante nella definizione di psicoterapia. Ciò significa che il terapeuta deve assicurarsi che gli estranei non vengano a sapere cosa è stato detto nella stanza della terapia.

osservare il contesto in cui il cliente desidera il cambiamento, ad esempio quando incontrano un'intera famiglia o un gruppo di lavoro.

Ciò che i clienti e i professionisti fanno insieme è, di solito, un'aggiunta temporanea alla vita dei clienti ed essi usano le esperienze terapeutiche come supporto per il proprio cambiamento[20].

Affrontare i problemi in questo contesto di solito porta a parlare delle conseguenze negative che ne derivano: cosa è sbagliato, cosa causa i problemi e quali sono gli ostacoli da superare. Mostreremo qui che la pratica centrata sulla soluzione crea un altro tipo di contesto, spesso chiamato "costruzione della soluzione[21]". La pratica centrata sulla soluzione enfatizza le competenze dei clienti, l'operato e i successi passati. Si concentra sulle interazioni, su come i clienti possono utilizzare le proprie risorse e punti di forza per apportare i migliori cambiamenti possibili per una vita migliore. Questa è quindi una teoria su come avviene il cambiamento nella pratica centrata sulla soluzione e su come essa supporta i clienti nell'implementare quei cambiamenti nelle loro vite[22].

Poiché la pratica centrata sulla soluzione si è diffusa in diversi campi di lavoro come formazione, istruzione, lavoro di gruppo, dirigenza, sviluppo organizzativo e consulenza, le parole, il linguaggio e le azioni della pratica centrata sulla soluzione

---

[20] Di solito i clienti usano la loro esperienza terapeutica da soli nella loro vita quotidiana.
[21] Ad esempio: DeJong & Berg (2012); Miller & McKergow (2012).
[22] Bavelas, J., Korman, H., DeJong, P., Smock, S. (2016).

cambieranno in una certa misura. Nella formazione, ad esempio, potrebbe non esserci bisogno di aiuto con i problemi, piuttosto una volontà di svilupparsi ulteriormente e raggiungere più obiettivi. Sta ancora emergendo l'intera portata dei contesti, in cui la pratica centrata sulla soluzione è utilizzabile e può fornire valore.

Una definizione generale della pratica centrata sulla soluzione in questi diversi contesti di pratica è: i Clienti ricevono supporto per il cambiamento che sperano da un professionista in base alle risorse, abilità, punti di forza, speranze future e interazione nel loro ambiente. Per i clienti significa formulare e applicare nuovi orientamenti a se stessi, agli altri e al futuro[23]. Questa è quindi una teoria su come supportare il cambiamento di un cliente [24].

La pratica, come indicato sopra, implica anche qualcosa di più dell'interazione qui descritta. Anche le conversazioni più intime nella "cura attraverso la parola" coinvolgono l'interazione relativa a questioni personali, sociali, legali, politiche, culturali e religiose (solo per citarne alcune). Nessuna descrizione o spiegazione potrà mai rendere giustizia completa alla vita.

C'è sempre qualcosa in più. Poiché la pratica crea uno spazio aperto nella vita, il contesto dei significati attribuiti, ed è un processo in divenire che inevitabilmente cambierà ed evolverà attraverso lo spazio e il tempo.

---

[23] Vedi anche Miller & McKergow (2012).
[24] Bavelas, J., Korman, H., DeJong, P., Smock, S. (2014).

Nelle prossime sezioni descriveremo la pratica centrata sulla soluzione, il suo centro di attenzione, l'uso e le ragioni per scegliere questa pratica, invece di altri modi di essere nel contesto.

II. Spiegazione: Perché essere centrati sulla soluzione?

Alcuni dicono che le descrizioni della pratica centrata sulla soluzione, lo sviluppo induttivo continuo insieme alla crescente evidenza empirica che i trattamenti centrati sulla soluzione sono efficienti ed efficaci[25], sono una ragione sufficiente per usare la pratica centrata sulla soluzione[26]. La pratica centrata sulla soluzione, tuttavia, non si basa solo sulle descrizioni, sui risultati clinici, sull'accettazione sociale o sullo stile personale, ma su ragionamenti rigorosi e determinati presupposti e valori. La scelta della pratica centrata sulla soluzione si basa quindi sia su ragioni teoriche che su determinate scelte etiche.

Questa sezione esplorerà il ragionamento rispetto a tre aspetti della pratica centrata sulla soluzione come attività per aiutare i clienti a cambiare: a) il significato della loro situazione, b) la loro percezione di sé e la loro direzione nella vita, c) le azioni quotidiane conseguenti. Il capitolo si conclude con un riepilogo dei principali

---

[25] Macdonald (2017).
[26] de Shazer (2006).

presupposti, valori e convinzioni della pratica centrata sulla soluzione.

Cambiare significato

La pratica centrata sulla soluzione è, in parte, uno sforzo filosofico di parlare del modo che ha senso, per i clienti, concettualizzare le loro esperienze e di come questo può aiutare a promuovere esperienze di "sentirsi meglio" o "capire meglio" - richieste comuni che i clienti portano come il risultato desiderato quando iniziano a lavorare con un professionista. La posizione centrata sulla soluzione sostiene che la filosofia del linguaggio[27] supporta con forza la pratica di essere d'aiuto ad altre persone, perché l'uso del linguaggio è un elemento fondamentale del colloquio. Comprendere e spiegare il significato del significato, quindi, è di grande importanza. Ciò include dare un senso a percezioni, sentimenti, pensieri e intenzioni.

---

[27] Questo termine qui intende includere una varietà di sforzi filosofici (cioè filosofia trascendentale (ad esempio: Lütterfelds: Fichte e Wittgenstein, 1989), costruttivismo sociale (ad esempio: Hacking: The Social Construction of What?, 1999) o enactivismo (per esempio: Hutto & Myin: Radicalizing Enactivism, 2012) che sono collegati agli argomenti centrali del pensiero di Wittgenstein, senza entrare nei dettagli. In questo senso prendiamo argomenti fondamentali dalla "filosofia del linguaggio" che spiegano alcune implicazioni teoriche della posizione centrata sulla soluzione.

Frasi significative creano una mappa concettuale del mondo

Ludwig Wittgenstein e la filosofia costruttivista sociale è un'importante fonte di ispirazione nel concettualizzare la relazione tra il linguaggio e ciò che chiamiamo "realtà"[28]. Wittgenstein ha affermato che i limiti del nostro linguaggio determinano i limiti del nostro mondo, e che il mondo e la vita sono uno[29]. La lingua, quindi, non è solo una raccolta di parole. È l'espressione di una forma di vita[30]. Quelli che comunemente vengono chiamati fatti non sono cose, ma sono espressioni verbali di frasi significative. Questi fatti mostrano un'immagine della realtà e insieme sono un modello del mondo. Le parole e le frasi non hanno tuttavia un senso o un significato fisso. Prendono il loro significato dal contesto degli eventi della vita e sono usati in relazione ad altre persone. Quindi, ciò che uno dice, ha senso a causa della sua azione quotidiana[31]. Quindi - come ha detto Wittgenstein - il mondo dei felici è ben diverso da quello degli infelici[32].

L'esperienza umana non è semplicemente data, ma è più come una mappa concettuale o una rete, in cui il senso e il significato variano a seconda di quando, dove e come ci si relaziona agli altri[33]. Parole,

---

[28] Miller & McKergow 2012.

[29] Wittgenstein: Tractatus logico-philosophicus, 5.6 e 5.621.

[30] Wittgenstein: Ricerche Filosofiche.

[31] Wittgenstein: Sulla Certezza, § 229.

[32] Wittgenstein: Tractatus logico-philosophicus, 6.43.

[33] Quando parliamo del linguaggio o dell'esperienza come modello o mappa del mondo creato da una rete di segni significativi, dobbiamo essere consapevoli che non c'è alcun "mondo" dietro di loro che possiamo conoscere, poiché la conoscenza sta solo all'interno di queste cornici

frasi, pensieri e azioni hanno riferimenti, denotazioni, connotazioni, implicazioni, ambiguità e contraddizioni variabili[34].

In questo senso, lo sforzo parzialmente filosofico della pratica centrata sulla soluzione può essere inteso come un'attività congiunta di cambiamento del mondo[35].

Il mondo è incerto

Devono essere menzionate due implicazioni di questa comprensione del significato, come risultato dell'interazione sociale. Esse puntano anche alle sezioni successive. La prima implicazione riguarda il modo in cui le interazioni sociali definiscono le regole. Poiché ci sono infiniti modi per costruire frasi o persino inventare nuove parole, pensieri e azioni, sembra che non ci siano basi indeterminate per giochi linguistici e significato[36]. I costruttivisti radicali sostengono, infatti, che sia così, mentre altri sottolineano l'intrinseca contraddizione di tali affermazioni[37]. Se

---

concettuali. Tuttavia, potrebbero esserci concetti necessari e uno potrebbe essere il concetto di "mondo" o "cosa-in-sé" per usare un termine kantiano.

[34] I diversi termini che abbiamo usato qui (modelli, mappe, reti) indicano diversi aspetti del significato. Un aspetto è quello della rappresentazione, dell'astrazione e dell'evidenziazione di alcuni aspetti quando si pensa al linguaggio come modello o mappa. Un altro aspetto è quello dell'interdipendenza, delle relazioni intrecciate e del collegamento o del riferimento ad altri aspetti quando si pensa a una rete di significati e giochi linguistici.

[35] Un'altra metafora di questa attività è dire che la conversazione "allarga il mondo del cliente" (McKergow, 2020).

[36] Wittgenstein: Ricerche filosofiche.

[37] von Foerster & Pörksen (2002).

non ci fosse il fondamento del significato, come ci sarebbe il significato stesso?

Questa domanda tocca la questione fondamentale della certezza e della verità, e noi ci sottomettiamo a un'osservazione in linea con Wittgenstein. L'immagine della realtà che le persone hanno, varia agli estremi attraverso le culture e i tempi, e bisogna stare molto attenti nel giudicare e confrontare l'incomparabile. Ma qualsiasi forma di vita con tutte le possibili differenze, poggia su giudizi che possono essere immaginati come cardini attorno ai quali ruota il sistema variabile di significato. Qualsiasi forma di vita e qualsiasi rete concettuale significativa poggiano su giudizi che non possono essere ragionevolmente messi in dubbio all'interno di questa forma di vita. Wittgenstein chiama queste frasi fondamentali "cardini della nostra visione del mondo". Non apprendiamo esplicitamente queste frasi, ma possiamo scoprirle come un asse di rotazione definito dal movimento attorno ad esso[38]. Che si sia d'accordo o meno con ciò che i filosofi trascendentali hanno descritto come concetti universali a priori di conoscenza[39] o meno, il punto importante è che questi giudizi fondamentali non sono oggetto di indagini empiriche. La nostra vita mostra, ad esempio, la nostra certezza che non c'è un tappo in fondo al mare, anche se nessuno si è mai preso la briga di trovarne una prova empirica. Ancora di più, questo vale per la nostra esperienza in generale. Noi, ad esempio, non possiamo fare a meno del concetto di causalità quando

---

[38] Wittgenstein: Sulla Certezza, §152.
[39] Questo è lo scopo di Kant nella *Critica della Ragion Pura* o di Fichte nella sua *Scienza della conoscenza*.

diciamo: "Vedo il mare". Ovviamente non c'è bisogno di cercare di rendere espliciti questi giudizi fondamentali della nostra visione significativa della vita. In generale, si presentano semplicemente, proprio come la vita stessa[40].

Sostegno per perseguire uno scopo

Quando le persone sperimentano un blocco in relazione a un problema, o vogliono cambiare e non trovano un modo per creare questo cambiamento, o sperimentano tentativi falliti di cambiamento, di solito esprimono l'esperienza problematica affermando di essere bloccati, incerti, a disagio, turbati, confusi con se stessi, gli altri e / o la situazione di vita attuale o essere incapaci di raggiungere i propri obiettivi. È comune sentirsi senza speranza e fuori controllo. Questo ci porta alla seconda implicazione. Quando le persone cercano aiuto, significa che sperimentano una sorta di ostacolo nel perseguire uno scopo. Qualcosa che dovrebbe essere, o potrebbe essere, non lo è. Lo scopo delle azioni, le speranze e le intenzioni sono chiamati valori[41]. I valori del cliente in gioco in ogni conversazione sono la spina dorsale del colloquio. Non se ne parla necessariamente, ma i professionisti centrati sulla soluzione dovrebbero esserne consapevoli e, come descritto più avanti, rispettare la scelta delle persone a tal proposito. Ciò significa anche che le persone hanno la capacità di determinare le proprie azioni in relazione agli altri e al mondo.

---

[40] Wittgenstein: Sulla Certezza, § 559.
[41] Raz (2017).

Questa linea di ragionamento ha alcune importanti conseguenze teoriche che sono legate alle ragioni per le quali viene scelta la pratica centrata sulla soluzione. Sulla scia del pensiero di Wittgenstein, i professionisti centrati sulla soluzione affermano che non esiste un modo scientifico ragionevole per spiegare il significato mediante catene causali. Non è che il nesso causale sia preso per una fantasia, ma semplicemente esso non può spiegare le relazioni semantiche. Pertanto, i professionisti centrati sulla soluzione non interpretano le persone interagenti e lo scambio di significato come determinato da forze causali, sia che si tratti della legge fisica, delle strutture di potere sociale o economico, dei cervelli, dei geni o di altre cose. Non c'è dubbio che abbia senso parlarne, ma non determinano neppure il significato delle parole e qualsiasi conversazione significativa.

Il secondo argomento della filosofia del linguaggio, che i professionisti centrati sulla soluzione prendono sul serio, è che le percezioni personali, i pensieri, le credenze, le motivazioni, i valori, gli stati, i copioni o qualsiasi "entità o stato interiore" che noi pensiamo determini le nostre azioni, non determina da solo il significato delle parole che usiamo e delle azioni che intraprendiamo, anche se la maggior parte di noi pensa che lo facciano. Invece, i professionisti centrati sulla soluzione fanno affidamento su quella che potrebbe essere chiamata "interazione creativa", dove il significato viene creato negli eventi della vita tra le persone e questa è la base per il cambiamento centrato sulla soluzione.

Questo, ovviamente, non significa che tali pensieri personali siano irrilevanti, ma non hanno l'esclusiva qualità di controllo a volte loro attribuita.

Il cambiamento come nuovo significato nella vita di tutti i giorni

Il significato, in linea con questo argomento, mostra il modo in cui le persone vivono le loro vite, come si connettono ad altre persone e gestiscono gli eventi e le situazioni della vita. Pertanto, i professionisti centrati sulla soluzione prestano attenzione alle descrizioni dettagliate della vita quotidiana delle persone per scoprire e creare frasi e azioni significative che permettano alla persona di ottenere ciò che essa pensa sia buono e utile per se stessa e di realizzare ciò che la ha spinta a ricercare un aiuto professionale[42]. Il focus del colloquio è sull'interazione tra le persone. In primo luogo, *tra* il professionista e il cliente, in secondo luogo, *tra* i clienti e le altre persone significative nella loro vita, che sperimenteranno comportamenti futuri. Molto spesso altre persone significative, e i cambiamenti nell'ambiente, contribuiscono in modo importante al cambiamento, perché il significato tra le persone è necessariamente una avventura congiunta. Parlare di utilizzi dimenticati, nascosti, nuovi o non ancora considerati delle parole che usiamo, mette in moto un processo di co-costruzione da parte di persone in cui si generano

---

[42] Alcune elaborazioni ed esempi di casi si possono trovare in: McKergow & Korman (2008) e Iveson & McKergow (2016).

significati modificati o nuovi[43]. Questa è un'altra parte importante della pratica centrata sulla soluzione.

Cambiare l'auto-percezione e la direzione

Un altro aspetto della pratica centrata sulla soluzione è rispondere alle richieste dei clienti di apportare cambiamenti nelle loro vite. Questi cambiamenti possono riguardare il cambiamento della percezione di sé e del proprio mondo, orientarsi, espandere le possibilità, adattarsi ai limiti, risolvere problemi e / o affrontare le sfide. Questo è spesso espresso come: "Cosa posso o devo fare?" - "Come posso cambiarlo?" - "Come posso ottenerlo?" Da questa prospettiva, la Terapia Centrata sulla Soluzione è una pratica sociale per aiutare il cliente a diventare più soddisfatto di se stesso e delle sue risposte alla situazione di vita. A questo proposito, la pratica centrata sulla soluzione è una pratica centrata sul cliente[44], che prende le esperienze dei clienti, la visione del mondo e i valori come base per l'aiuto.

Il presupposto della Terapia Centrata sulla Soluzione è che tutti siano di *per sé* capaci di vivere una vita significativa, e di averlo già fatto, anche se a un certo punto pensano di essere o si sentono

---

[43] McGee, Del Vento, & Bavelas (2005).
[44] Maggiori informazioni su questo per esempio qui: http://journeys.getsynap.com/the-difference-in-being-customer-centric-vs.-customer-focused. Anche somiglianze con Rogers (1951).

bloccati[45]. Le persone hanno anche superato le difficoltà del passato. Inoltre, possono adattarsi alle circostanze della loro vita e riusciranno ad andare avanti. Hanno uno scopo nella vita, anche se potrebbero non essere in grado di descriverlo in una narrazione coerente[46]. Sono pertanto pieni di risorse, competenti e resilienti. In altre parole, le persone sono libere di agire e, in questo senso, sono gli esperti della propria vita. Per quanto riguarda la capacità di agire dei clienti, i professionisti non possono sapere dove i clienti sceglieranno di andare e, quindi, i professionisti centrati sulla soluzione non pretendono di saperlo[47]. Aiutare i clienti a vedere le proprie azioni, competenze e risorse alla luce del loro scopo di vita, è considerato un modo rispettoso, responsabilizzante ed efficace per consentire loro di andare avanti con la loro vita e superare tutto ciò che li ha spinti a cercare sostegno. Questo è il concetto di esseri umani (persone) per l'approccio centrato sulla soluzione[48].

Costruire con competenza e resilienza

Dato che le persone hanno già costruito il loro mondo, e anche se ciò potrebbe non essere sempre con senso e significato, è tuttavia importante in una qualche misura e in alcuni contesti. Pertanto, c'è sempre qualcosa su cui costruire, e anche in situazioni apparentemente disperate, le persone possono trovare incredibili capacità di coping, risorse e resilienza. Quindi, il professionista

---

[45] Erickson (1980).

[46] Ristabilire lo scopo può essere difficile in alcune situazioni della vita come la perdita di persone care.

[47] Questo viene comunemente chiamato "non conoscenza" (Anderson & Goolishian 1992).

[48] In Tedesco "Menschenbild".

invita i clienti a ricercare le proprie capacità di agire nella loro vita, invitando a fare descrizioni di questi particolari termini (abilità, forza, risorse, ecc.) in forme fluide e verbali. Di conseguenza, i professionisti centrati sulla soluzione, di solito non pongono domande su come e perché la situazione sia diventata così disperata, né raccolgono dettagli di tutte le difficoltà[49]. Il professionista centrato sulla soluzione chiede invece in che modo il cliente stia contribuendo a mantenere le cose stabili, piuttosto che a far si che le cose peggiorino.

Per parlare di come i clienti possono costruire significato e andare avanti nella vita, non è necessario comprendere o analizzare appieno la loro visione del mondo, ma è sufficiente stabilire un adattamento funzionale che consenta al cliente di andare avanti con la propria vita. Questo implica che qualunque cosa il cliente voglia condividere, è sufficiente per lavorare. I professionisti centrati sulla soluzione non pensano che debba esserci uno stile di vita concordato e unificato e apprezzano la diversità delle soluzioni uniche di ciascun cliente.

Poiché il rispetto e il supporto dello scopo e della visione del mondo del cliente sono stati scelti come la linea principale della pratica centrata sulla soluzione, i clienti sono ritenuti affidabili per conoscere quali cambiamenti essi vogliano e sono importanti per collaborare nel miglior modo possibile alla realizzazione del loro cambiamento[50]. Ciò significa che i professionisti centrati sulla soluzione basano la loro relazione con il cliente sulla premessa del

---

[49] McKergow & Korman (2008).
[50] Ad esempio, The Solution-focused treatment manual (2013).

rispetto delle convinzioni, dell'autonomia, della sicurezza e delle esigenze del cliente. Questo inoltre significa che i professionisti si sforzano di ridurre al minimo il loro coinvolgimento nella vita del cliente. [51] Questo viene fatto per consentire alle persone di permettere a se stesse di vivere una vita significativa secondo i propri valori. L'empowerment è inteso come un invito ai clienti a diventare consapevoli del loro potere e della loro azione nel prendere il controllo del cambiamento significativo che essi cercano. È per lo più una presa di coscienza personale, in una certa misura presa di coscienza interpersonale in relazione ad altri significativi, e talvolta una presa di coscienza socio-politica, per accedere alle risorse e mettere in discussione le verità comunemente accettate[52]. Da questa scelta ne consegue che la pratica centrata sulla soluzione non definisce una regola secondo una normalità numerica di una descrizione statistica. Il concetto di "normalità" è in realtà sensa senso perché c'è sempre solo anormalità e cambiamento[53]. La normalità, nella salute mentale e nella vita, è una scelta culturale, ideologica e politica[54]. Questa scelta non deve essere confusa con un valore normativo di come dovrebbero essere la vita o le persone. Il rafforzamento delle competenze del cliente richiede che il professionista crei uno spazio di interazione sicuro e confortevole, dove i clienti possano esprimere bene i loro pensieri ed in cui il professionista sia aperto, curioso, rispettoso, supportivo e genuino nei loro confronti. Ciò

---

[51] Queste scelte etiche sono descritte con maggiori dettagli nel codice etico EBTA (2015).
[52] Rappaport et al. (1984).
[53] de Shazer (1994, p107).
[54] Berger, Luckmann, Zifonum (2002).

richiede anche che il professionista si basi su speranza, emozioni positive, virtù, cura, amore, compassione, gratitudine e simpatia per i clienti e il loro ambiente. Si presume che tutto ciò aiuti i clienti a far fronte alle difficoltà attuali, ampli il raggio di attenzione, riconosca i segni di cambiamento e li ispiri al fine di generare cambiamento, creando emozioni più positive che evochino ulteriormente le capacità di cambiamento[55].

I professionisti centrati sulla soluzione usano la capacità del cliente di edificare e costruire sulle proprie esperienze utili e su quelle degli altri, strategie di coping, capacità di risolvere i problemi, esperienze di apprendimento, resilienza, risorse, punti di forza, abilità, talenti e successi. Il professionista ascolta attentamente per ottenere e amplificare ciò che potrebbe essere utile in tutte le fasi della conversazione e del processo di cambiamento. Alcune risorse sono implicite. Le soluzioni, ad esempio, sono spesso implicite nelle descrizioni dei problemi. I problemi possono essere descritti come speranze insoddisfatte. Parlare delle migliori speranze implica che possano essere raggiunte. Parlare di cambiamenti passati, implica che ne siano possibili anche altri. Una volta che i clienti sono consapevoli della loro capacità di influenza, del significato delle azioni e del loro agire, ci può allora essere meno enfasi su fallimenti, incapacità, motivazioni, conflitti, ostacoli e problemi[56].

---

[55] Fredrickson (2013), Shick (2017).
[56] C'è molta ambiguità associata all'"empowerment". Inoltre, per esempio, quanto o con quali mezzi i professionisti supportano l'empowerment del loro cliente non è stato discusso molto tra i professionisti centrati sulla soluzione. Un gruppo chiamato *The Solution-Focused Collective* ha avviato nel 2018 un movimento per affrontare il cambiamento sociale, per evitare che le

In alcune situazioni, i clienti potrebbero aver bisogno di alternative a comportamenti, interazioni, cognizioni e sentimenti controproducenti o dannosi. In queste situazioni, i clienti vengono aiutati a fare qualcosa di diverso all'interno del loro repertorio, dei loro valori e del quadro di riferimento. Il ragionamento alla base di tali interazioni sembra sorprendentemente semplice: se non sei soddisfatto di ciò che hai fatto finora, prova qualcos'altro. Tuttavia, non è scontato astenersi dal dare consigli e assumere una posizione esperta su dove potrebbe o dovrebbe essere il cliente[57].

Verso il miglior cambiamento possibile

Per supportare ulteriormente la competenza dei clienti, la pratica centrata sulla soluzione introduce l'idea del miglior cambiamento possibile. Un miglior cambiamento possibile può essere la visione del cliente, uno scenario miracoloso, le migliori speranze dal colloquio, un successo perfetto o un altro dei loro ideali. Descrivere il miglior cambiamento possibile aiuta i clienti a dare un senso, rafforza le loro competenze e li aiuta a trovare significato per se stessi[58]. A volte il miracolo del cliente accade davvero e le vite dei clienti cambiano drasticamente in meglio.

---

questioni pubbliche si traducano in problemi personali (The Solution-Focused Collective, 2019).

[57] Questo principio viene dibattuto tra i professionisti. Alcuni usano questo principio originato dalla MRI insieme al principio "fai di più ciò che funziona". Altri stanno attenti a non suggerire nessuna delle proprie idee ai propri clienti (George, 2010).

[58] de Shazer et al. (2006).

Come indicato in precedenza, il colloquio viene trattato come uno sforzo intersoggettivo[59]. Entrambe le parti collaborano e contribuiscono al risultato. Inevitabilmente, i professionisti influenzano quindi il cliente in molti modi, in particolare attraverso le ipotesi che usano nei loro strumenti di conversazione. È importante che i professionisti siano consapevoli delle finalità personali con cui contribuiscono implicitamente o direttamente al colloquio.

I professionisti solution focused sono consapevoli del fatto che essere d'aiuto in uno spirito centrato sulla soluzione è esso stesso un un tipo specifico di obiettivo.

Quindi, i professionisti centrati sulla soluzione, da un lato, influenzano intenzionalmente la direzione generale del colloquio nel promuovere il discorso verso la soluzione. In questo modo, In questo modo essi si assumono la responsabilità dei loro intenti e delle loro scelte durante il colloquio. L'enfasi per costruire il significato e la competenza esistenti, e la ricerca di speranze e il miglior futuro possibile, è già una scelta importante rispetto all'opera del cliente, poiché di solito porta a relativamente meno colloqui e quindi probabilmente limita la dipendenza dal professionista[60]. Utilizzando i presupposti chiave centrati sulla soluzione e l'enfasi specifica sulla conversazione, essi offrono la loro visione del mondo come possibile alternativa per il cliente.

---

[59] Peräkylä et al. (2008).
[60] Macdonald (2017).

D'altra parte, i professionisti restano il più possibile all'interno del mondo del cliente per limitare la loro influenza. In un certo senso, visitano il mondo dei clienti e usano le loro osservazioni affinché i clienti aquisiscano più senso, promuovano il cambiamento, creino significato e significatività e agiscano verso ciò che è significativo per loro, per essere in grado di proseguire nella vita e terminare i colloqui con il professionista.

E un po' di supporto professionale

Le scelte etiche sopra descritte non vietano ai professionisti di riflettere, interpretare o dare consigli, se il cliente lo richiede e se la situazione lo richiede[61]. Fare altrimenti potrebbe essere pericoloso per il cliente e sarebbe una mancanza di professionalità da parte del terapeuta. Le interpretazioni e i consigli vengono forniti in un modo che si adattino alla visione del mondo del cliente e come una delle tante possibilità. I professionisti sono consapevoli che i conflitti sono comuni tra le persone. Il professionista aiuta il cliente a considerare e risolvere tali conflitti, ad esempio aiutando i clienti a trovare un equilibrio tra la loro prospettiva e la necessità di rispettare la legge, le norme sociali e il benessere degli altri.

---

[61] I professionisti focalizzati sulla soluzione hanno opinioni diverse su questo. Dalle discussioni con i colleghi abbiamo notato che alcuni dicono di evitare e alcuni dicono di non dare alcun consiglio.

Cambiare le azioni

A causa della fiducia nella capacità del cliente di perseguire una vita significativa, la pratica centrata sulla soluzione è orientata al futuro e offre un supporto che aiuta i clienti ad agire e raggiungere i propri obiettivi, al fine di aiutare il cliente ad esprimere ciò che per lui è importante e a contribuire ad una vita più significativa.

Il cambiamento è sensato quando le conseguenze sono quelle previste

Tutto nel colloquio mira a supportare l'azione del cliente al fine di realizzare i suoi valori in futuro. Le modifiche diventano significative quando le conseguenze sono quelle previste e possono essere osservate nel futuro. La pratica centrata sulla soluzione si basa sull'intenzione del cliente di ottenere qualcosa di valore. Migliori e più dettagliate sono le descrizioni di come sarà questo futuro, come sarà possibile farlo e più facile sarà ottenerlo[62]. Pertanto, la pratica centrata sulla soluzione supporta e rafforza l'agire delle persone[63].

Ancora una volta, c'è una ragione molto semplice per questo orientamento al futuro guidato dalla speranza e dal valore: solo ciò che non è ancora accaduto può essere cambiato, quindi qualsiasi cambiamento deve ancora venire.

---

[62] La ricerca psicologica positiva su significatività, benessere, prosperità e felicità, indica che la significatività è associata allo scopo e all'*eudaimonia*, l'essere parte di qualcosa di più di se stessi (Seligman, 2011).
[63] Walter & Peller (1992), Shennan (2016).

Naturalmente, si può sempre cambiare il modo in cui si pensa al *significato* di ciò che è già accaduto. Tali cambiamenti possono cambiare la vita in modo drammatico. Tuttavia, questo cambiamento avverrà solo da ora in poi e nel futuro.

Meditato e valutato

Un orientamento futuro si collega ai due precedenti aspetti del cambiamento centrato sulla soluzione. In primo luogo, il professionista aiuta il cliente a definire il cambiamento e poi a decidere la significatività delle conseguenze e di tutto ciò che potrebbe essere diverso, una volta che il cambiamento previsto fosse stato realizzato. Questo collega il cambiamento ai valori e al significato della vita del cliente. Il professionista, quindi, discute con il cliente dopo che le azioni sono state intraprese e se queste hanno prodotto un cambiamento dal punto di vista del cliente. In caso contrario, il professionista ripete il processo di cambiamento con il cliente per modificarne alcuni aspetti. Quando i clienti non si sentono più bloccati ed esprimono la fiducia di sapere come continuare la loro vita, la co-costruzione può finire. I clienti sono invitati a tornare se e quando lo ritengono opportuno. Nella pratica centrata sulla soluzione è comune che i clienti decidano quante sessioni fare e a quali intervalli. L'idea di pensare negativamente ai clienti, ad esempio come "porta girevole" o clienti "fedeli", non fa parte della pratica centrata sulla soluzione. Allo stesso tempo, i professionisti centrati sulla soluzione si vedono come partner in un processo di co-costruzione in cui il cliente segnala quando quella partnership può essere portata a conclusione.

Oltre 30 anni di pratica centrata sulla soluzione hanno dimostrato che i clienti possono fare, e fanno, questo tipo di cambiamenti quando vengono offerti questi contesti colloquiali co-creati[64].

I principali presupposti, valori e convinzioni

Quali sono i presupposti, le convinzioni e i valori fondamentali sulle persone e sul cambiamento nella pratica centrata sulla soluzione?

Esistono molti elenchi di presupposti, valori e convinzioni.[65] Qui faremo un breve riassunto di quelli più importanti usati in questa teoria, insieme a quale visione del mondo ritraggono e quale ideologia indicano.[66]

Il linguaggio è l'elemento chiave nella pratica centrata sulla soluzione, perché il linguaggio fornisce alle persone i mezzi per dare un senso alle loro esperienze. L'interazione con gli altri conferisce il loro significato alle parole e alle frasi. Queste interazioni descritte formano una mappa concettuale con cui essi si orientano e si esprimono. Pertanto esplorare la mappa del cliente con le parole del cliente, è uno dei compiti più importanti del professionista, per aiutare sia il cliente che il professionista a focalizzare la loro attenzione su ciò che il cliente vuole e per supportare il cambiamento del cliente.

---

[64] Macdonald (2017). Un elenco di ricerche sulle esperienze del cliente di pratica centrata sulla soluzione potrebbe essere un'utile aggiunta.

[65] Ad esempio Wheeler & Vinnicombe (2011), Wells (2018).

[66] Questi sono pensieri provvisori a questo punto, poiché, per quanto ne sappiamo, è stato fatto per la prima volta.

La pratica centrata sulla soluzione si basa sulla convinzione che le persone siano enattive[67]: esse scoprono il mondo esplorandolo e dandogli un senso osservando, pensando, sentendo, intuendo. Le persone possono scegliere e sono in grado di vivere una vita significativa secondo i propri standard. Sono in grado di notare, giudicare e definire differenze e cambiamenti utili. Le persone sono viste anche come esperte nell'affrontare situazioni difficili e nel superarle.

Si presume che le persone vogliano essere rispettate in quanto enattive e vivere una vita significativa secondo i loro termini, per essere viste nelle loro competenze, nei loro desideri, nella loro unicità e nella loro consapevolezza di fare cose significative[68]. Queste esperienze di vita uniche dei clienti sono considerate come la loro speciale competenza.

La pratica centrata sulla soluzione ha utilizzato le esperienze di vita del cliente come base per la collaborazione. È progettata per supportare le persone nella loro competenza.

Il professionista dunque va alla ricerca delle speranze della persona per il futuro, delle capacità, della creatività e dei tentativi di fronteggiare e affrontare la situazione che vuole cambiare. Questa focalizzazione sul futuro desiderato dal cliente è una scelta

---

[67] "Enattivo" è un termine introdotto da Varela (Varela et al., 1991) per sottolineare le relazioni reciproche tra organismo e ambiente e per distinguere questa visione di interazioni co-creative dall'idea che la coscienza o anche solo il cervello sia un dispositivo simile a uno specchio per rappresentare il mondo (N.d.T).
[68] A sostegno di questa ipotesi, vedi ad esempio Deci & Ryan (2000).

basata sull'esperienza clinica[69]. Anche la ricerca indica che concentrarsi sugli aspetti positivi della vita, sulle possibilità, su un futuro migliore, sono modi potenti per dare forza alle persone[70].

Allo stesso tempo, la pratica centrata sulla soluzione presuppone che il cambiamento avvenga nel contesto sociale del cliente. Il significato viene creato e condiviso con gli altri. Il cambiamento desiderato ottiene significato e senso nelle azioni con gli altri. Pertanto, molte domande riguardano i cambiamenti desiderati nelle relazioni e nell'ambiente a portata di mano. L'enfasi è sia per dare forza al cliente, per sostenere le trattative con gli altri, sia per sostenere l'adattamento alle circostanze. Il presupposto di base è che le persone stanno creando una vita significativa nell'interazione reciproca.

La pratica centrata sulla soluzione presuppone che le immagini delle persone siano diverse e non sempre combacino tra loro. Sebbene il cambiamento preferito di alcuni clienti a volte non sembri adattarsi ad altri, un'esplorazione più dettagliata delle diverse possibilità, porta tuttavia principalmente a un ragionevole accordo.

E i conflitti? Alcuni conflitti sono malintesi che vengono risolti man mano che se ne parla. In altri, i professionisti potrebbero offrire la mediazione[71].

---

[69] Gingerich & Eisengart (2004).
[70] Ricerca di psicologia positive come Fredriksson (2015).
[71] Ad esempio de Shazer et al. (2007).

In che modo le persone sviluppano queste capacità? - La pratica centrata sulla soluzione non ha una propria teoria dello sviluppo. Invece, quando necessario per il cambiamento in atto, utilizza le teorie che i singoli clienti trovano utili. A volte il professionista, conoscendo la mappa contestuale del cliente, può offrire una teoria adeguata. Diverse teorie di psicologia sociale, dalla psicologia discorsiva alla teoria dei sistemi, si adattano bene a una pratica centrata sulla soluzione.

Perché le persone hanno problemi nonostante la loro esperienza? - Il mondo come un numero infinito di mappe contestuali con significato vario, è un mondo complesso in cui chiunque si perde di volta in volta, offrendo una spiegazione generale. A volte cercare di utilizzare la mappa sbagliata (più di ciò che non funziona) sembra essere un tentativo comune nei momenti difficili[72].

Come mostrato nel capitolo "Cambiare il significato", la pratica centrata sulla soluzione non ha bisogno di concettualizzare perché o come si verificano i problemi. Utilizza invece le esperienze e le mappe personali del cliente e i concetti che evolvono nell'interazione pratica. Questa è la realtà a portata di mano.

Come conseguenza di considerare la realtà come un mondo complesso con vari significati, il futuro è negoziabile e mutevole. Il presupposto è che il cambiamento avvenga continuamente e possa essere effettuato in molti modi. Ad esempio, può essere improvviso, lento, mutevole, permanente, gradiente, sorprendente, evidente, pianificato, creativo, difficile, semplice o persino impossibile. Molto

---

[72] Watzlawick (1988).

spesso piccoli cambiamenti e differenze portano a grandi cambiamenti[73]. Pertanto la maggior parte dei professionisti organizza il proprio supporto adattandosi a situazioni specifiche, con una valutazione graduale e riorientando quando necessario[74].

Queste convinzioni, valori e scelte dimostrano che la pratica centrata sulla soluzione valuta l'unicità, la tolleranza, il pluralismo e l'empowerment come valori fondamentali.

III. Descrizione: Cosa fa la pratica centrata sulla soluzione?

Questa descrizione della pratica è un resoconto semplificato di ciò che effettivamente accade. Al fine di mostrare come i concetti esplicativi vengono utilizzati nella pratica ci chiediamo: cosa succede effettivamente nella pratica centrata sulla soluzione? Come una mappa concettuale professionale, questa descrizione evidenzia o omette le caratteristiche dello spazio d'azione che sono specifiche della pratica centrata sulla soluzione. In questo modo la mappa descrittiva aiuta a differenziare la pratica centrata sulla

---

[73] Spesso chiamato "effetto a catena" e talvolta indicato come "effetto farfalla".

[74] La pratica centrata sulla soluzione è spesso etichettata come "breve", perché i cambiamenti preferiti spesso avvengono in tempi più brevi rispetto alla pratica terapeutica tradizionale del XX secolo.

soluzione da altri tipi di "cure attraverso la parola", "modelli di formazione", "programmi educativi" o "approcci"[75].

La pratica centrata sulla soluzione può sembrare un colloquio superficiale senza alcuno scambio su "cause profonde o nascoste, spiegazioni e complessi meccanismi psicopatologici all'opera"[76]. È comunque un colloquio co-costruttivo molto focalizzato, in cui i professionisti si concentrano sul momento a portata di mano e sulla presenza del cliente. Essi si concentrano sull'effettivo scambio di parole e azioni tra di loro. Rispondono di momento in momento a ciò che il cliente ha fatto e detto prima. Mantengono deliberatamente, sollecitano, amplificano o aggiungono argomenti specifici centrati sulla soluzione in base a ciò che sentono dal cliente e ciò che sembra consentire una co-costruzione comune verso il cambiamento desiderato dal cliente. Fondano attentamente ogni svolta del discorso per collaborare con il cliente verso una descrizione coerente e reciprocamente concordata del problema in questione. Queste sequenze continue e spesso sovrapposte sono i mattoni della co-costruzione nel colloquio che accumula un significato condiviso[77].

---

[75] In questo modo, la famosa citazione "La mappa non è il territorio", coniata da Alfred Korzybski alla riunione dell'Associazione americana per il progresso della scienza nel 1931, divenne importante per molti professionisti focalizzati sulla soluzione.
[76] La principale critica contro la pratica centrata sulla soluzione è stata quella di essere descritta come superficiale e non rivolta ai problemi reali e alla base (de Shazer, 1988).
[77] Il fondamento sembra essere una sequenza universale in tre fasi di come avviene la comprensione condivisa. Colui che parla presenta prima nuove informazioni. I destinatari quindi rispondono che o come hanno (non) compreso le informazioni. Infine, coloro che parlano confermano che il

Poiché la pratica centrata sulla soluzione opera all'interno del mondo del cliente, il che significa ascoltare e costruire espressioni di competenza, potenziamento ed azione, nonché speranze, idee e piani del cliente per il futuro, il professionista evita gli ordini, così come i consigli, i suggerimenti, le interpretazioni e le richieste dall'esterno, tranne quando i clienti li richiedono e il professionista ha esperienza da offrire[78]. A volte consigli, proposte e suggerimenti su nuove azioni (fare qualcosa di diverso) potrebbero essere appropriati, ad esempio in situazioni ad alto rischio e in conflitti etici. Anche in queste situazioni i suggerimenti vengono comunque dati come possibilità o opzioni piuttosto che come prescrizioni di un esperto[79].

---

destinatario li ha (non) compresi correttamente. Inizia una nuova sequenza di fondamento, se i destinatari dimostrano di non capire o accettare, o chi parla non conferma o accetta la risposta finché non viene negoziato un significato condiviso. A volte il significato rimane poco chiaro e indebolisce i risultati del dialogo. A volte i significati personali differiscono dal significato condiviso Clark & Brennan (1991), Bavelas (2012), Bavelas et al. (2014).

[78] de Shazer (1984), McKergow & Korman (2009). Alcuni specialisti non danno mai ordini quando lavorano focalizzati sulla soluzione. Usano invece in rare occasioni un altro ruolo, come quello di figura autorevole o genitore, ad esempio per dare consigli (Shennan, 2017).

[79] Flatt & Curtis (2013).

Argomenti chiave nella pratica centrata sulla soluzione

Rispetto, impegno e positività.

Il rispetto e il coinvolgimento con le caratteristiche uniche del cliente costituiscono la prospettiva della Terapia Centrata sulla Soluzione[80]. Il professionista deve essere curioso[81] e apprezzare ciò che il cliente esprime. I clienti di solito si impegnano nella conversazione in modo simile, il che porta a una relazione tra pari, in cui il professionista si assume la responsabilità principale di avviare un processo orientato alla crescita costruttiva e il cliente si assume la responsabilità principale di offrire i contenuti rilevanti per il suo cambiamento. Il rispetto e l'impegno si manifestano come convalida, incoraggiamento, complimenti e sincerità insieme a espressioni non verbali come annuire, sorridere e sporgersi in avanti. Queste cose di solito creano un'atmosfera ottimistica, con segni espressi di speranza, empatia, compassione, cura e umorismo[82].

Ad esempio:

- *"Farò del mio meglio" - all'inizio del supporto (per mostrare attenzione).*

---

[80] Froerer & Connie (2016). Shennan (2017) dubita che questi siano specifici per la pratica SF.

[81] Gale Miller lo chiama "talento di una curiosità disciplinata" (Miller, 2014).

[82] Siamo consapevoli che il significato specifico di questi concetti non è chiaro. Si veda ad esempio Hutto & Jurgens (2019) sull'empatia enattiva.

- *"Sì, e ..." - quando il cliente ha descritto com'è andato un evento (per mostrare apprezzamento).*

- *Cosa farai allora? " - dopo che il cliente ha descritto un passo avanti (per mostrare curiosità e incoraggiamento).*

- *"Ben fatto!" - quando il cliente ha compiuto progressi (per mostrare apprezzamento e incoraggiamento).*

- *"Quando sei in grado di ..." - basandosi su ciò che il cliente fa già (per mostrare speranza e incoraggiamento).*

- *"Sì, posso immaginare che ..." - quando un cliente ha parlato delle difficoltà che il professionista può immaginare (per mostrare empatia).*

- *"Wow, come hai fatto?" - quando un cliente racconta un successo (per esprimere rispetto, curiosità e positività).*

Mantenimento e uso del linguaggio del cliente

La descrizione del mondo del cliente può essere compiuta utilizzando e interpretando il linguaggio in molti modi. Alcuni clienti usano un linguaggio descrittivo letterale. Alcuni clienti descrivono la loro vita come una narrazione che mette in evidenza l'agire del cliente e gli eventi della vita.[83]

---

[83] Iveson & McKergow (2016).

Altri usano metafore, che possono offrire interpretazioni alternative. Alcuni usano l'umorismo e la creatività; giocano con l'ambiguità, il caso e le contraddizioni e vedono le cose da prospettive diverse. Sia le metafore che l'umorismo mostrano come il cambiamento non debba essere logico e possa provenire da "fuori dagli schemi".

Quando si lavora con gruppi e squadre, i punti in comune e le differenze linguistiche offrono opportunità significative per supportare gruppi o squadre nello sviluppo di significati condivisi o almeno rispetto per quanto riguarda le differenze.

Il professionista si connette con la tipologia di linguaggio utilizzata da parte del cliente. Ciò significa servirsi dei concetti e della logica fondamentali del cliente. Se le persone usano diversi tipi di linguaggio per il cambiamento in atto, la tipologia che indica più chiaramente il cambiamento è una buona scelta da usare.

All'interno di quella lingua, i professionisti invitano i clienti a trovare e utilizzare differenze significative utili per il cambiamento desiderato. Possono, ad esempio, utilizzare scale per valutare la situazione attuale in relazione al cambiamento preferito, il grado di progresso e il livello di fiducia nel cambiamento.

Per esempio:

- *"Come descriveresti la tua situazione adesso?" - domande aperte per ottenere le parole specifiche e la logica utilizzata dal cliente.*

- *"Mi può fare un esempio di ciò?" - per ottenere descrizioni concrete dalle esperienze dei clienti quando i clienti usano un linguaggio astratto.*

- *"Quando ti dice di lavorare di più, come vuoi rispondere?" - per creare una mappa interattiva e sequenziale degli eventi.*

- *"Allora, quali opzioni hai nella situazione che hai spiegato?" - per esplorare prospettive diverse.*

- *"Cos'altro ti dice che le cose stanno andando bene?" - per arricchire le descrizioni del cambiamento preferito.*

- *"Quale sarebbe un passo nella giusta direzione?" - per soppesare il progresso.*

- *"Quanto lontano sei già arrivato?" - per misurare e valutare i progressi.*

Allineamento e supporto ai i desideri del cliente.

L'attività di base nella pratica centrata sulla soluzione è di allinearsi e supportare il cliente per realizzare un cambiamento desiderato nelle percezioni, sentimenti, pensieri, intenzioni, scelte e / o azioni, facilitando il discorso che genera descrizioni dettagliate del cambiamento desiderato[84].

---

[84] Per esempi di casi e una discussione relativa alla teoria delle descrizioni nel contesto della terapia, vedere Iveson & McKergow (2016).

In questo processo, il professionista parla con il cliente di tutto ciò che sembra utile al fine di realizzare il cambiamento desiderato. Inizialmente può riguardare problemi, abitudini indesiderate, cosa è sbagliato e limitazioni (cosa non può essere cambiato). Ciò che è indesiderato viene trattato come qualcosa che potrebbe essere aperto al cambiamento[85]. In generale non si parlerà molto del motivo per cui le cose sono andate storte e il professionista non applica alcuna teoria o modello per spiegare le cause delle difficoltà o dei problemi[86]. Questo è spesso descritto come "reattività valutativa"[87], "aiutare stando un passo indietro"[88] e "immaginare la situazione dei clienti in relazione al cambiamento che essi sperano"[89]. Può essere paragonato con il guidare un'auto che procede in avanti, guardando di tanto in tanto nello specchietto retrovisore per vedere cosa sta arrivando da dietro[90].

Il cambiamento può essere qualcosa di intenzionale, significativo e sensibile per il cliente e possibile da sostenere da parte del professionista. Di solito è costruito e concordato dalla descrizione

---

[85] In linea con il detto: "Ogni problema è un sogno frustrato". - I professionisti, le situazioni e i contesti differiscono in quanto il "discorso problematico" è utile in una conversazione. Alcuni professionisti effettuano attivamente la transizione alla "costruzione di soluzioni" immediatamente, altri ascoltano di più le aperture nel dialogo.

[86] Alcuni clienti chiedono teorie e in alcune situazioni una teoria è direttamente o indirettamente disponibile come il buon senso, per esempio. In queste situazioni, la teoria o i concetti teorici possono essere utilizzati come spiegazioni praticabili.

[87] Kramer & Stiles (2015).

[88] Solution Focused Therapy Treatment Manual for Working with Individuals, 2nd version (2013).

[89] de Shazer et al. (2006).

[90] Osservazioni da parte del pubblico al congresso EBTA a Sofia 2018.

del cliente della situazione di vita attuale, come qualcosa che non è ancora presente, ma che si spera lo sarà presto. Le speranze, le aspettative, i piani, le visioni e i sogni del cliente sono buoni punti di partenza per il discorso su cosa cambiare. L'immaginare le migliori speranze del cliente o un ipotetico giorno dopo che il miracolo, ha reso il problema non più un problema è un modo potente per descrivere il cambiamento desiderato. Di solito il cambiamento è co-costruito, suscitando una o più descrizioni concrete e dettagliate delle differenze desiderabili nella situazione di vita a portata di mano, comprese le prospettive di altri significativi come parte della descrizione. Nelle conversazioni successive i clienti potrebbero rivedere ciò che vogliono cambiare dopo aver considerato la descrizione di un futuro migliore e forse dopo aver affrontato le conseguenze del cambiamento iniziale. Il cambiamento può anche essere descritto come parte della narrativa della vita del cliente, specialmente nei cambiamenti significativi della vita[91].

Questo porta ad uno degli aspetti più impegnativi della pratica centrata sulla soluzione per i nuovi professionisti - come rispondere quando i clienti sembrano incapaci di descrivere un futuro preferito. È facile quindi scivolare in discorsi causali sul perché le cose sono come sono, amplificando la rigidità. I professionisti orientati alla soluzione sono consapevoli che, spesso, è nei piccoli dettagli intricati della vita delle persone che si

---

[91] Eventi significativi della vita come malattie gravi, incidenti, morte di una persona vicina, ma anche sofferenza continua a causa di ingiustizie sociali, razzismo o iniquità.

manifestano le possibilità di cambiamento. Quindi, le descrizioni delle routine quotidiane apparentemente banali e mondane nella vita delle persone sono le benvenute. Domande come: "e quale potrebbe essere un segno che ti dà un indizio che il cambiamento potrebbe essere possibile?" Sono considerate utili, in quanto domande che invitano a descrivere un cambiamento chiaro e fattibile.

Ad esempio:

- *"Come saprai che il nostro incontro di oggi ti è stato utile?" - per avere un'idea delle aspettative del cliente e trasmettere fiducia nel sostegno.*

- *"Che tipo di cambiamento stai cercando?" - come invito al discorso sulla soluzione, quando i clienti non hanno ancora parlato del cambiamento.*

- *"Come sono le cose quando hai raggiunto i tuoi obiettivi?" - per ottenere una descrizione del cambiamento preferito come obiettivo e implicare che gli obiettivi saranno raggiunti.*

- *"Cosa cambierà quando le cose andranno molto bene?" - per cogliere gli aspetti critici del cambiamento e mostrare fiducia nella capacità del cliente di fare bene.*

- *"Supponiamo che accada un miracolo e che il cambiamento avvenga effettivamente ...?" - per avviare una versione della classica "domanda del miracolo", quando il cliente ha difficoltà a descrivere il cambiamento desiderato*[92].

- *"Come faranno gli altri a sapere che il cambiamento è avvenuto?" - per incorporare le prospettive di altri significativi.*

- *"Cos'altro c'è?" - per arricchire la descrizione.*

Offrire un supporto adeguato

Sia il cliente che il professionista hanno aspettative su cosa potrebbe essere di aiuto e su cosa potrebbe non esserlo. Parlare e concordare sul supporto e sul suo contesto focalizza la conversazione e la rende chiara, significativa e sensata per entrambi. La Terapia Centrata sulla Soluzione si basa sul presupposto che i clienti siano in grado di dare un senso a se stessi quando vengono invitati e chiamati a farlo. I professionisti, quindi, di solito concordano con le aspettative del cliente riguardo al supporto, purché rientri nel loro mandato e nei loro confini etici. Il supporto è una proprietà emergente co-costruita tra cliente e professionista nella pratica centrata sulla soluzione, piuttosto che un'apertura empatica offerta da una posizione di un esperto. Si tratta di (1) sapere cosa fare (2) essere in grado di farlo (3) farlo effettivamente (4) sostenerlo nel tempo e (5) adattarsi alle mutevoli circostanze. Un cliente potrebbe volere o aver bisogno di supporto in tutto questo e anche di altro all'inizio del supporto. Una

---

[92] Berg & Dolan (2001).

dichiarazione di un cliente, come *"Ora so cosa fare e sono fiducioso che ce la farò"* è un buon indicatore per interrompere il supporto.

Ad esempio:

- *"In che modo il nostro incontro può esserti del massimo aiuto?"* - *per richiedere specifici ingredienti di utilità per il cliente.*

- *"Cosa dovremmo avere in mente lavorando assieme?"* - *quando il cliente ha esperienze e forse aspettative specifiche della relazione e per il supporto.*

- *"Su cosa dovremmo concentrarci qui, oggi?"* - *per limitare e focalizzare il supporto sugli aspetti rilevanti del cambiamento.*

- *"Dove vorresti essere sulla tua scala per farci fermare?"* - *per avere un'idea di quando terminare il supporto.*

- *"Va bene fermarsi qui?"* - *quando il cliente implica la fine e talvolta l'inizio e la fine.*

Attingere alla competenza del cliente e all'attivazione delle risorse

Il cambiamento si ottiene principalmente attingendo alla competenza del cliente e attivando le risorse, sebbene queste possano essere nascoste o dormienti all'inizio[93]. I professionisti centrati sulla soluzione usano la capacità del cliente di edificare e

---

[93] Gassmann & Grawe (2006).

costruire sulle loro esperienze utili e su quelle degli altri, strategie di coping, capacità di risolvere i problemi, esperienze di apprendimento, resilienza, risorse, punti di forza, abilità, talenti e successi. Il professionista, quindi, ascolta ed inizia a parlare di questi argomenti[94]. Tutte le domande di base centrate sulla soluzione presuppongono le risorse del cliente e/o il cambiamento. Le competenze sono spesso collegate a parole come punti di forza, qualità, capacità, abilità, conoscenza, talento, coping, resilienza, conoscenza, abilità tecnica, competenza, esperienze, apprendimento, sviluppo, fiducia, iniziative e saggezza. Alcune risorse sono personali: ragionamento, determinazione o forza di volontà. Alcune sono sociali, come relazioni significative, famiglia e altri supporti sociali. Altre possono essere fisiche, politiche ed economiche. Parlare di emozioni di supporto, di cosa sta andando bene o di quali sono le parti sane e felici della vita del cliente può anche suscitare risorse utili per il cambiamento. Il discorso riflessivo sulle risorse è spesso utile per aiutare i clienti a diventare più consapevoli di se stessi. Domande e risposte sui valori del cliente possono essere di particolare importanza nei conflitti e quando i tentativi di agire per il cambiamento non funzionano, perché indicano il cambiamento preferito dal cliente.

Ad esempio:

- *"Ho sentito correttamente che sei stato in grado di ..." - per far emergere possibili risorse.*

---

[94] Ringraziamo Plamen Panayotov per averci ricordato l'importanza di lasciare che i clienti facciano le loro domande (Panayotov, 2020).

- *"Quando questo è stato migliore o più facile?" - per suggerire successi e progressi passati.*

- *"Cosa ti ha aiutato prima?" - per utilizzare le esperienze dei clienti*

- *"Quali abilità puoi usare ora con questo?" - per suggerire che il cliente ha capacità utili.*

- *"Quale opzione desideri utilizzare?" - per utilizzare le competenze del cliente.*

- *"I tuoi colleghi possono aiutarti?" - per attivare il sostegno sociale.*

- *"Cosa ti fa andare avanti?" o "Cosa ti spinge ad andare avanti?" - per utilizzare i valori e la determinazione del cliente.*

Notare e amplificare il progresso

La competenza dei clienti di solito si manifesta in segni di progresso. I clienti parlano, ad esempio, di tempi migliori e differenze in meglio. Sorprendentemente, molto spesso i clienti possono fornire esempi del cambiamento desiderato già in atto. Il professionista può renderli visibili utilizzando, ad esempio, "scale" valutative che descrivono le differenze che fanno la differenza per il cliente e poi parlare di ciò che lo ha reso possibile. Quindi, fare di più di ciò che funziona, è il modo centrato sulla soluzione per amplificare il progresso.

Alcuni progressi sono impliciti, ad esempio quando qualcosa di eccezionale[95] va meglio del solito nella situazione attuale, il che può essere considerato come un potenziale progresso.

In situazioni molto gravi, e dove il contesto dei clienti ha un'influenza limitata sulla loro situazione, impedire che la situazione peggiori e mantenere la stabilità può essere considerato un progresso.

Ad esempio

- *"Cosa c'è di meglio?" - iniziare l'incontro con una relazione sullo stato di avanzamento, pone le basi per ulteriori informazioni.*

- *"A che punto sei nella scala dei tuoi progressi?" - per valutare il momento presente in relazione al cambiamento.*

- *"Che cosa significa per te ciò che hai detto?" - per ottenere e utilizzare la valutazione del cliente.*

- *"Qual è il tuo prossimo passo?" - suggerisce ulteriori modifiche apportate dal cliente.*

---

[95] Le eccezioni in situazioni problematiche sono state gli ingredienti principali nella Terapia Centrata sulla Soluzione. Le eccezioni vengono qui riformulate, in linea con la tendenza a concentrarsi sul futuro desiderato sin dall'inizio senza partire dai problemi che i clienti (in contesti terapeutici) di solito sperimentano quando cercano supporto. Vedere, ad esempio, Iveson e McKergow (2016) per un resoconto di come BRIEF sia arrivato a coniare il termine "istanze" per denotare eventi esemplificativi di ciò che il cliente desidera.

- *"Cosa devi fare per tornare in pista?"* - *per aiutare il recupero dopo una battuta d'arresto.*

- *"Cos'altro potresti fare?"* - *per avere nuove idee per fare qualcosa di diverso.*

Pensare e agire diversamente

La nozione di cambiamento implica che qualcosa deve essere diverso. Pertanto, pensare in modo diverso (sul significato o sulle scelte) e / o fare qualcosa di diverso (agire) sono argomenti frequenti nel dialogo. Il nuovo significato spesso si evolve dallo scomporre o dal ricomporre i fatti e le narrazioni del colloquio in un processo di riformulazione[96]. Quando i clienti si ritrovano a fare di più di ciò che non funziona[97], è utile parlare di ciò che sta facendo il cliente per impedire che le cose peggiorino. Questo è spesso qualcosa di cui i clienti non si prendono il merito. Impedirsi di scivolare ulteriormente non viene riconosciuto fino a quando i clienti e gli operatori non affrontano la domanda. Un'altra opzione è esplorare altre alternative accettabili[98] per il cliente che potrebbero servire allo scopo di ottenere il cambiamento desiderato. Le alternative possono essere derivate logicamente o generate in modo creativo. Altre persone che sono in grado di

---

[96] Mattila (2001).
[97] Weakland et al. (1974).
[98] Qualsiasi alternativa deve adattarsi allo scopo e alle intenzioni del cliente. Ciò che altri approcci chiamano spesso "resistenza", da un punto di vista focalizzato sulla soluzione, è un utile contributo dei clienti per indicare che in giro ci sono alternative migliori che vale la pena esplorare o scoprire.

vedere le alternative "fuori dagli schemi" possono essere di grande aiuto.

Per esempio:

- *"Cosa sarebbe qualcosa di completamente diverso?" - quando finora niente ha aiutato il cliente.*

- *"Cosa sorprenderebbe davvero gli altri?" - nelle relazioni che prevedono il fallimento.*

- *"E se lo guardassimo da questa angolazione?" - quando nuove prospettive potrebbero generare nuove azioni.*

- *"Chi potrebbe portare nuove idee?" - per utilizzare le possibilità della rete di relazioni.*

- *"Che ne dici di qualcosa di simile ..." - per presentare al cliente qualcosa di nuovo da considerare.*

Testare il cambiamento - nella vita tra le sedute.

Le modifiche diventano significative quando le conseguenze si adattano allo scopo previsto. La vita è piena di sorprese e quindi mettere in pratica la differenza nella vita di tutti i giorni è un test importante per verificare se il cambiamento abbia o meno senso e crei i miglioramenti che il cliente spera.

Qualche volta è utile ideare esperimenti o nuove abitudini[99] assieme ai clienti, per collaudare idee generate nella realtà del mondo del cliente. Per i clienti che affrontano situazioni difficili e rischiose, è importante anche una qualche forma di conferma della sicurezza, dell'adeguatezza e della fattibilità del cambiamento.

Quando il cliente ha prodotto il cambiamento, come un esperimento per esempio in un colloquio se le conseguenze erano come previsto, è simile a un'esplorazione della situazione per il cambiamento. In caso contrario, è possibile progettare un nuovo processo di modifica[100].

Per esempio:

- *"Cosa ti dice che le cose stanno migliorando?" - per evidenziare il cambiamento positivo quando il cliente parla di progressi.*

- *"Qual è il tuo prossimo passo per fare progressi?" - per supportare l'implementazione del cambiamento del cliente.*

- *"Come è andato il tuo esperimento?" - quando il cliente ha provato qualcosa di nuovo.*

- *"Che altro ti serve?" - se il cambiamento non è sufficiente.*

---

[99] Isebaert (2015).
[100] La ricerca condotta presso l'Università di Salamanca (Prada & Beyebach, 2008) indica che un migliore adattamento con la teoria del cambiamento del cliente e / o un diverso tipo di approccio al cambiamento è significativo nei casi bloccati (quattro incontri senza cambiamento desiderato).

Monitoraggio e valutazione del processo

Per mantenere la conversazione di supporto, responsabilizzante e concentrata sul cambiamento desiderato dal cliente, viene utilizzata una continua valutazione all'inizio, durante e alla fine della conversazione.

Durante il colloquio, i professionisti centrati sulla soluzione usano e ascoltano le formulazioni con cura per preservare e costruire il maggior numero possibile di parole del cliente e per limitare l'influenza di altre idee[101]. Inoltre, ciò che essi omettono viene scelto tenendo presente la prospettiva del cliente. Introducono nuove parole come supplementi e risposte alle richieste del cliente per aprire nuove possibilità. Queste sono solitamente formulate come opzioni o domande provvisorie. I professionisti sono anche pronti a modificare le loro formulazioni per adattarle al punto di vista del cliente. I clienti presumibilmente usano le formulazioni per farsi capire e per dirigere il dialogo. Spesso contengono ciò che il cliente intende, ciò che è importante per lui, ciò che vuole e come procedere. I professionisti centrati sulla soluzione utilizzano le formulazioni del cliente il più possibile[102].

---

[101] Le formulazioni sono affermazioni complesse durante la conversazione, in cui gli oratori fanno un riassunto dell'essenza di alcune parti della conversazione. In questo modo, preservano, omettono, alterano e aggiungono selettivamente qualcosa che contribuisce alla co-costruzione di una nuova versione di quella parte. Le formule spesso contengono interpretazioni, nomi, riformulazioni e riflessioni (Korman et al., 2013).
[102] Tranne se la formulazione proposta è contraria ai valori o al buon senso del professionista.

Le riflessioni delle persone coinvolte, in particolare all'inizio e alla fine dei colloqui, vengono utilizzate per fondare le interpretazioni e le conclusioni nell'esperienza del cliente. Questi elementi di riflessione nella conversazione impediscono anche i tentativi di "soluzione forzata"[103], cioè di precipitarsi nel cambiamento prima che il significato del cambiamento appaia sufficientemente chiaro.

I professionisti orientati alla soluzione di solito riflettono su competenza, risorse e possibilità. Le riflessioni dei clienti alla fine del colloquio mostrano la loro comprensione a quel punto, ed è una buona conclusione del colloquio.

Per esempio:

- *"Ti ho capito bene che ..." - per verificare un'interpretazione.*
- *"Quello che hai detto prima può essere importante?" - per controllare e ricordare argomenti precedenti.*
- *"Cosa ti dice questa esperienza?" - per valutare qualcosa di nuovo.*
- *"Quanto sei arrivato vicino ai tuoi obiettivi?" - per misurare i progressi del cliente.*
- *"Forse abbiamo finito per ora?" - per verificare il senso del processo da parte del cliente.*
- *"Qual è la tua conclusione per oggi?" - per riflettere il presente incontro.*
- *"Che cosa è stato utile oggi?" - per valutare il presente incontro.*

---

[103]"Soluzione forzata " è un modo rischioso ed errato di applicare la SF (Nylund & Corsiglia, 1994).

- *"Sono impressionato da quanto bene hai fatto ...!" - per sostenere il progresso del cliente.*

IV. Conclusione

In conclusione, ci auguriamo che il nostro lavoro insieme possa dare un utile contributo alla comprensione della pratica centrata sulla soluzione e che questo libro possa essere una risorsa utile per formatori, professionisti e altri interessati allo sviluppo dell'approccio. Questa versione è il prodotto del nostro lavoro insieme, e dei contributi di molti altri che hanno offerto prospettive direttamente agli autori e durante seminari e presentazioni a conferenze.

I resoconti dei primi giorni di pratica centrata sulla soluzione descrivono una cultura di curiosità, condivisione e dibattito che ha contribuito a realizzare l'approccio.

Ci auguriamo che il nostro lavoro possa, in qualche modo, nutrire una tale cultura tra il numero molto più ampio di persone che ora conoscono e apprezzano l'approccio, e che tale cultura contribuisca a mantenere l'approccio vivo e aperto al cambiamento.

Continuiamo quindi a discutere idee, commenti e dibattiti alle conferenze EBTA e altrove per assicurarci di vedere ulteriori spirali di evoluzione.

Espandere il cerchio delle idee

La conferenza SF World 2017 ci ha fornito un'opportunità significativa per condividere il nostro lavoro, analizzare il documento con i colleghi e raccogliere più idee per l'ulteriore sviluppo della teoria.

La fotografia è stata scattata da Dave Hogan ed è condivisa con il suo permesso.

Riferimenti bibliografici

Anderson, H., Goolishian, H. (1992). The client is the expert: A not-knowing approach to therapy. In: McNamee, S., Gergen, K. J. (Eds.), *Inquiries in social construction. Therapy as social construction*, 25-39, New York: Sage Publications Inc.

Bavelas, J. B. (2012). Connecting the Lab to the Therapy Room. In: Franklin C., Trepper, T. S., Gingerich W. J., McCollum E. E. (Eds.), *Solution-Focused Brief Therapy, a Handbook of Evidence-Based Practice*. Oxford: Oxford University Press.

Bavelas, J. B., Korman, H., DeJong, P., Smock Jordan, S. (2014). Does SFBT Have a Theory? Plenary at the EBTA conference in Leeuwarden.

Bavelas, J. B., Korman, H., DeJong, P., Smock Jordan, S. (2014). The theoretical and research basis of co-constructing meaning in dialogue. *Journal of Solution-Focused Brief Therapy*, 1(2): 1-24.

Berg, I. K., De Jong, P. (1996). Solution-Building Conversations: Co-Constructing a Sense of Competence with Clients. *Families in Society: The Journal of Contemporary Human Services*, 77(6): 376-391.

Berg, I. K., Dolan, Y. (2001). *Tales of solutions: A collection of hope-inspiring stories*. New York: Norton.

Berger, P. L., Luckmann, T., Zifonum, D. (2002). *The social construction of reality*. Londra: Penguin Books.

Beyebach, M. (2008). "Nothing is better": constructing improvements in solution-focused sessions. Workshop at the EBTA conference in Lyon.

Cecchin, G. (1987). Hypothesising, circularity and neutrality revis-ited, an invitation to curiosity. *Family Process*, 26(4): 405-413.

Clark, H.H. & Brennan, S. E. (1991). Grounding in communication. In Resnick, L. B., Levine, J. M., Teasley, J. S. D. Perspectives on socially shared cognition. American Psychological Association.

De Jong, P., Kim Berg, I. (2012). *Interviewing for Solutions*, Belmont: Wadsworth Publishing Co Inc.

De Jong P., Bavelas, J. B., Korman, H. (2013). An introduction to using microanalysis to observe co-construction in psychotherapy. *Journal of Systemic Therapies*, 32(3): 17-30.

de Shazer, S. (1984). The Death of resistance. *Family Process*, 23(1): 11-17.

de Shazer, S. (1991). *Putting difference to work*, New York: Norton.

de Shazer, S. (1994). *Words were originally magic*, New York: Norton.

de Shazer, S., Dolan, Y. M., Korman, H., Trepper, T. S., McCollum, E. E., Berg, I. K. (2006). *More than miracles: The state of the art of solution focused therapy*, New York: Haworth Press.

EBTA Practice Definition (2012). http://blog.ebta.nu/wp-content/uploads/2012/05/EBTA-SF-PRACTICE-DEFINITIONS_2012.pdf read 31.7.2020.

Erickson, M. H. (1954a). Special techniques of brief hypnotherapy., *Journal of clinical and Experimental Hypnosis*, 2(2); 109-129.

Erickson, M. H. (1954b). Pseudo-Orientation in time as a hypnotherapeutic procedure. *Journal of Clinical and Experimental Hypnosis*, 2(4): 261-283.

Erickson, M. H. (1980). *The collected papers of Milton H. Erickson: Vol. II. Hypnotic alteration of sensory, perceptual and psychophysiological processes*. New York: Irvington.

Fichte, J. G. (1794). Grundlage der gesamten Wissenschaftslehre. Fundamental Principles of the Entire Science of Knowledge. https://voices.uchicago.edu/germanphilosophy/files/2012/05/Fichte-The-Science-of-Knowledge-sec-1-3.pdf read 31.7.2020.

Flatt, S., Curtis, S. (2013). Offering expert knowledge within a not-knowing solution-focused paradigm: A contradiction in terms or a helpful response to (some) real life conundrums? *International Journal of Solution-Focused Practices*, 1(1): 28-30.

Fredrickson, B. (2013). Love 2.0. Penguin Books.

Freud, S, Breuer, J. (1895). *Studien über Hysterie*, Leipzig und Wien: Franz Deuticke.

Froerer A., Connie, E. (2016). Solution-Building, The Foundation of Solution-Focused Brief Therapy: A Qualitative Delphi Study, *Journal of Family Psychotherapy*, 7(1): 20-34.

Gassmann, D., Grawe, K. (2006). General change mechanisms: The relation between problem activation and resource activation in successful and unsuccessful therapeutic interactions, *Clinical Psychology & Psychotherapy*, 13(1): 1-11.

George, E. (2010). What are the disadvantages of the brief solution focused approach?

https://www.brief.org.uk/resources/faq/disadvantages-of-solution-focus, read 31.7.2020.

Gingerich, W. J., Eisengart, S. (2004). Solution focused brief therapy: a review of the outcome research, *Family Process*, 39(4): 477-498.

Hacking, I. (1999). *The social construction of what?* Cambridge and London: Harvard University Press.

Haley, J. (1986). *Uncommon Therapy*, New York: Norton.

Hoyt, M. F. (2001). A conversation with Steve de Shazer and John Weakland. In: *Interviews with brief therapy experts*, New York: Routledge.

Isebaert, L. (2015). *Solution-Focused cognitive and systemic therapy: The Bruges Model*. London: Routledge.

Iveson, C., McKergow, M. (2016). Brief Therapy: Focused description development, *Journal of Solution-Focused Brief Therapy*, 2(1): 1-17.

Jackson, P. Z., McKergow, M. (2007). *The Solutions Focus: Making coaching & change SIMPLE*, London: Nicholas Brealey.

Kant, I. (1914). *Critique of pure reason*, translated by Müller, F. M. (2nd ed. revised), London: Macmillan. https://oll.libertyfund.org/titles/ller-critique-of-pure-reason, read 31.7.2020.

Korman, H. (2017). The 3.0 version of Reflections on SFBT 2.0. https://www.academia.edu/38423866/The_3.0_version_of_Reflections_on_SFBT_2.0.pdf, read 31.7.2020.

Korzybski, A. (1933). *Science and Sanity*. Institute for General Semantics.

Kramer, U., Stiles, W. B. (2015). The responsiveness problem in psychotherapy: A review of proposed solutions, *Clinical Psychology: Science and Practice*, 22(3):277-295.

Lauth, R. (1989). Die transzendentale Konstitution der gesellschaftlichen Erfahrung. In: *Transzendentale Entwicklungslinien von Descartes bis zu Marx und Dostojewski*, Hamburg: Meiner.

Levinson, S. C. (2017). Speech Acts, In: Huang, Y. (Ed.), *The Oxford Handbook of Pragmatics*, Oxford: Oxford University Press.

Hutto, D.D., Myin, E. (2012). *Radicalizing enactivism*. Cambridge: The MIT Press.

Lipton, P. (2001). *Inference to the Best Explanation*, London: Routledge.

Lütterfelds, W. (1989). *Fichte und Wittgenstein: Der thetische Satz*, Stuttgart: Klett-Cotta.

Macdonald, A. (2017). Solution-focused Brief Therapy evaluation list, http://blog.ebta.nu/wp-content/uploads/2017/12/SFTOCT2017.pdf, read 31.7.2020.

Mattila, A. (2001). Seeing things in a new light. Reframing in therapeutic conversation, *Rehabilitation Foundation, Research Reports 67/2001*, Helsinki: Helsinki University Press.

McGee, Del Vento, & Bavelas, J.B. (2005). An interactional model of questions as therapeutic interventions. *Journal of Marital and Family Therapy*, 31(4): 371-384.

McKergow, M. & Korman, H. (2009). In between - neither inside nor outside: The radical simplicity of Solution-Focused Brief Therapy, *Journal of Systemic Therapies*, 28(2): 34-49.

McKergow, M. (2016). Solution-Focused practice: Engaging with the client as a first-person, rather than a third person, *InterAction*, 8(1): 31-44.

McKergow, M. (2016). SFBT 2.0: The next generation of Solution Focused Brief Therapy has already arrived, *Journal of Solution Focused Brief Therapy*, 2(2): 1-17.

McKergow, M. (2020). Stretching the World. In: Dierolf, K., Hogan, D., van der Hoorn, S., Wignaraja (Eds), *Solution Focused Practice Around the World*. London: Routledge.

McLeod, J., McLeod, J., Shoemark, Al., Cooper, M. (2009). User constructed outcomes: Therapeutic practice and everyday life, Paper presented at the Psychotherapeutic Practice Research Conference, University of Jyväskylä, February 2009.

Miller, G., de Shazer, S. (1998). Have You Heard the Latest Rumor About ...? Solution-Focused Therapy as a Rumor, *Family Process*, 37(3), 363-377.

Miller, G. (2008). Loughborough Group (Discursive Psychology) and Ethnomethodology, Karlstad Group, 2nd Meeting, Vienna: March 25-26, 2008.

Miller, G., McKergow, M. (2012). From Wittgenstein, Complexity, and Narrative Emergence: Discourse and Solution-Focused Brief Therapy. In: Lock, A., Strong, T. (Eds.), *Discursive Perspectives in Therapeutic Practice*, Oxford: Oxford University Press, pp.163-183.

Miller, G. (2014). Culture in Solution-Focused consultation: An intercultural approach, *Journal of Solution-Focused Brief Therapy*, 1(2): 25-40.

Minuchin, S. (1974). *Families and family therapy*, Cambridge: Harvard University Press.

Morris, D. R. (2005). Causal inference in the social sciences: Variance theory, process theory, and system dynamics. https://proceedings.systemdynamics.org/2005/proceed/papers/MORR I261.pdf, read 31.7.2020.

Nylund, D., Corsiglia, V. (1994). Becoming Solution-Focused Forced in Brief Therapy: Remembering Something Important We Already Knew. *Journal of Systemic Therapies*, 13(1): 5-12.

Nunnally, E., de Shazer, S., Lipchik, E., Berg, I. K. (1986). A Study of change: Therapeutic theory in process. In: Efron D. E. (Ed) *Journeys: Expansion of the Strategic-Systemic Therapies*, New York: Brunner/Mazel.

O'Connell, B., Palmer, S. (2014). *Manuale di Terapia Centrata sulla Soluzione*, Firenze: Libri Liberi.

Raz, J. (2017). Intention and value, *Philosophical Explorations*, 20(2): 109-126.

Ryan, R. M., Deci, E. L. (2000). Self-determination theory and the facilitation of intrinsic motivation, social development, and well-being. *American Psychologist*, 55(1): 68-78.

Panayotow, P. (2020). Solution is Only a Smile Away. https://www.academia.edu/30941198/Solution_Is_Only_a_Smile_Away, read 31.7.2020.

Prada, A. S., Beyebach, M. (2008). "Nothing is better": Constructing improvements in solution-focused sessions. Presentation at the EBTA conference 2008.

Peräkylä, A., Antaki, C., Vehviläinen, S., Leudar, I., (2008). *Conversation analysis and psychotherapy*. Cambridge: Cambridge University Press.

Rappaport, J., Swift, C. F., Hess, R. (1984). *Studies in empowerment: Steps toward understanding and action*. New York: Haworth Press.

Rogers, C. (1951). *Client-Centered Therapy*. Cambridge: The Riverside Press.

Seligman, M. (2011). *Flourish, A new understanding of happiness and well-being and how to achieve them*, London: Nicholas Brealey.

Selvini-Palazzoli, M., Boscol, L., Cecchin G., Prata, G. (1973). *Paradox and Counterparadox*, New York: Aronson.

Shennan, G. (2016). Extended mind, extended person, extended therapy? *InterAction*, 8(1): 7-30.

Shennan, G. (2017). Comments on the draft for theory of solution-focused practice, September 2017.

Shick, R. (2017). Solution-Focused Brief Therapy from the client's perspective: A Descriptive phenomenological analysis, Athabasca University.

Solution Focused Therapy Treatment Manual for Working with Individuals, 2nd version, (2013). Research Committee of the Solution Focused Brief Therapy Association, https://irp-cdn.multiscreensite.com/f39d2222/files/uploaded/Treatment%20Manual%20Final%2C%20Update%203-17-18.pdf, read 31.07.2020.

The Solution-Focused Collective, (2019). A Solution-Focused Manifesto for Social Change, https://solfocollective.net/the-manifesto-for-text-readers/ read 31.7.2020.

Thomas, F. (2016). Complimenting in Solution-Focused Brief Therapy. *Journal of Solution-Focused Brief Therapy*, 2(1): 1-22.

UKASFP Accreditable Practice and Accreditable Practitioners, 2015.

Varela, F.J., Thompson, E., Rosch, E. (1991), *The Embodied Mind*, Cambridge: MIT Press.

von Foerster, H., Pörksen, B. (2002). *Understanding systems, conversations on epistemology and ethics*, Heidelberg: Carl-Auer-Systeme Verlag.

Walter, J. L., Peller, J. E. (1992). *Becoming Solution-Focused in Brief Therapy*, London: Routledge.

Watzlawick, P. (Ed.) (1980). *The Invented Reality: How Do We Know What We Believe We Know?* New York: Norton.

Watzlawick, P. (1988). *Ultra Solutions. How to fail most successfully*, New York: Norton.

Wells, J. (2018). *Ni inspirerar mig! Lösningsfokuserade förantaganden till stöd för bättre samtal och möten*, Malmö: Södra Dalarnas Samordningsförbund.

Weakland, J. H., Watzlawick, P., Fisch, R., (1974). *Change: Principles of problem formation and problem resolution*, New York: WW Norton.

Weakland, J. H., Fisch, R., Watzlawick, P., Bodin, A. M. (1974). Brief Therapy: Focused Problem Resolution, *Family Process*, 13(2): 141-168.

Wittgenstein, L. (1922). *Tractatus logico-philosophicus*, London: Routledge.

Wittgenstein, L. (1953). *Philosophical investigations*, Oxford: Basil Blackwell.

Wittgenstein, L. (1969). *On certainty*, Oxford: Basil Blackwell.

Riflessioni personali

Riflessioni sulla

Teoria della Pratica Centrata sulla Soluzione

Versione 2020, a cura di

Thorana Nelson

Alasdair J. Macdonald

Arild Aambø

Sukanya Wignaraja

Guy Shennan

Tomasz Switek

Thorana Nelson

I. Panoramica

La vostra elaborazione di gruppo ha svolto un ottimo lavoro nel descrivere la pratica SF sia nel contesto (posizione, ipotesi, ecc.), che nella pratica. È ben organizzata, ben scritta e ragionevolmente facile da capire. Non sono sicuro del pubblico. Se si tratta di professionisti SF, penso che organizzi bene il nostro pensiero. Se è per persone non SF, include alcune idee confuse o non ben definite, che commenterò in seguito. Dall'introduzione sembra che il vostro obiettivo sia per entrambi i gruppi, forse più per i primi o per coloro che sono incuriositi e vogliono capire meglio la filosofia generale.

II. Teoria

Sebbene voi abbiate etichettato questo come teoria, la mia precedente formazione in scienze familiari e filosofia della scienza mi porta a una certa confusione. Quanto scritto è molto chiaro sulla teoria dei processi, descrivendo l'approccio senza entrare nei dettagli sui concetti e sulle pratiche spesso ripetuti. Per coloro che sono inclini a cavillare sulla teoria, potrebbe essere utile confrontare la teoria dei processi (descrittiva; come qualcosa si sviluppa) con la nozione di teoria che spiega qualcosa e include ipotesi e/o costrutti verificabili. Penso che sia a quest'ultimo aspetto che Steve De Shazer si è opposto così tanto. Il primo è più descrittivo e basato su osservazioni piuttosto che sullo spiegare perché qualcosa è così com'è (ad esempio, una delle mie teorie sulla

SFBP [Solution Focused Brief Practices - Pratiche Brevi Centrate sulla Soluzione [N.d.T.]] è che lo tecnica della scala aiuti le persone a organizzare il loro pensiero ed a immaginare una vita migliore, riducendo così l'ansia, che consente ai loro processi di pensiero di lavorare verso i loro obiettivi - alla Bowen; altri hanno idee diverse su come funziona la SFBP, Steve [de Shazer [N.d.T.]] non voleva nemmeno pensare a qualcosa di là del linguaggio/Wittgenstein).

Voi affermate che "nel mondo della SF, la teoria è utile solo nella misura in cui è pragmatica. Dovrebbe consentire la ricerca, supportare i professionisti e migliorare la qualità del servizio ai clienti". Una cosa che il processo omette sono le nozioni di interconnessione di costrutti e ipotesi verificabili (ragioni per cui qualcosa funziona come sembra). Questo affronta ciò che non state provando in questo documento.

Questa è fondamentalmente una teoria descrittiva con una filosofia alla base piuttosto che una teoria esplicativa. Ho capito la vostra idea?

Mi piace l'idea dell'abduzione - non ne ho mai sentito parlare. Mentre descrivete l'oscillazione tra modelli di pratica osservabili e idee astratte, penso che voi abbiate colto nel segno. È qui che penso che un certo numero di persone si sia confuso, soprattutto se sono stati formati in "teorie" (che più giustamente dovrebbero essere chiamate approcci) e vogliono saperne di più sulla teoria della Terapia Breve Centrata sulla Soluzione. Collocare le vostre idee in questo contesto, che penso potrebbe essere evidenziato di più in qualche modo, aiuta davvero sia coloro che vogliono saperne di più sulla pratica o l'approccio, sia coloro che vogliono o addirittura insistono per saperne di più sulla filosofia, spiegazione di come / perché funziona, ecc. Questo mi fa anche pensare alla dialettica, dove ci sono due idee apparentemente contraddittorie (in questo caso, spiegazione vs descrizione) con cui si lotta, culminando in una sintesi che non include né l'una né l'altra. Penso che lo abbiate fatto con successo.

Il vostro diagramma di pratica all'interno di un cubo di teoria e descrizione è interessante, così come l'idea che mentre la pratica si espande, così devono fare la teoria e la descrizione. Capisco la descrizione (ad esempio, l'uso delle "migliori speranze" così come è emerso oltre la domanda del miracolo) e penso che la parte dell'espansione della teoria sia molto importante, ma solo se si inserisce in una struttura più ampia della filosofia che si oppone alla negazione di ognuno dei presupposti di base della posizione SF. L'andare oltre, richiederebbe una struttura, una filosofia, un modo di pensare diversi. Quindi, alcune delle idee dei nostri colleghi che sono espansioni rientrano ancora nella "famiglia" generale della SF?

III. Essere nel contesto

In qualità di persona che è stata addestrata al pensiero sistemico (von Bertalanffy) e alla cibernetica, sono lieta di vedere come avete intrecciato queste importanti idee relazionali in questo lavoro senza alzare bandiere inutili per coloro che pensano ai "sistemi" come una pratica particolare.

I contesti relazionali sono incredibilmente importanti e troppo spesso ignorati dalle persone che usano le pratiche di SFBP senza capire molto di ciò di cui state scrivendo. Il contesto è stato uno degli importanti focolai di cambiamento che Steve ha descritto, praticato e di cui ha scritto. Includere molti aspetti dei contesti dei clienti, in particolare le relazioni personali, io credo sia necessario per la presa di posizione, ma raramente discusso. Questo lascia molti a vedere le pratiche SFB in modi lineari piuttosto che comprendere le sfumature dei problemi e delle soluzioni dei clienti in modo sistemico, come incorporate nel contesto.

Un aspetto del contesto che non viene descritto, tuttavia, è la relazione cliente-terapeuta. Cerchiamo di tenerci fuori dal quadro, ma come suggerirebbe la cibernetica di secondo ordine, facciamo parte dei sistemi dei clienti e dobbiamo riconoscerlo, se non altro in modo da non influenzare eccessivamente le direzioni verso cui il cliente può andare. Usare le nostre idee in modo giudizioso e provvisorio aiuta, ma penso che inserirle chiaramente nel contesto dei clienti possa aiutarci a rimanere ai margini. Mi piace quando i clienti non riescono a ricordare il mio nome ma sperano di ricordare qualcosa di quello che abbiamo fatto insieme, soprattutto in termini di significato, sia nel pensare che nel fare.

Il che porta a idee sul cambiamento. Steve De Shazer e Insoo Kim Berg erano chiaramente intrisi di nozioni di cambiamento centrate sul pensiero e / o sul fare e sulla loro natura ricorsiva. Si sono anche resi conto che il lavoro enfatizza la natura ricorsiva del cambiamento tra pensare e fare, e anche che il cambiamento è ricorsivamente situato con altri elementi del contesto del cliente, come notare ed enfatizzare come il contesto supporta (o non supporta) il cambiamento. Ciò può significare altre persone, valori e costumi interiorizzati e pregiudizi e azioni sistemiche. Quest'ultimo aspetto - la risposta contestuale al cambiamento - è spesso mancato nella mia esperienza. Un cliente può considerare che i cambiamenti che cerca sono ad un 8 della scala, e quindi sufficienti per il momento. Il cliente, inoltre, può essere consapevole di fattori contestuali che limitano ulteriori "progressi" nella totalità della sua vita, cose che i professionisti potrebbero non capire. Se qualcuno o qualcosa nel contesto del cliente non è di supporto, attivamente o in modo inattivo, i cambiamenti che il cliente ritiene sufficienti possono improvvisamente diventare spiacevoli. Questo è un altro motivo per includere attivamente il contesto, che altri partecipino o meno al colloquio. A livello sistemico, questi potenziali "trucchi" o "sì, ma" sono più facilmente anticipati e utilizzati al servizio del cambiamento desiderato, quando gli altri partecipano alla terapia o, almeno, quando il cliente e il professionista discutono di ciò e delle potenziali conseguenze del cambiamento. Da qui, l'importanza delle domande relazionali: chi se ne accorgerebbe? Cosa vedrebbero? Che differenza farebbe per loro? Che differenza farebbe per te? È troppo facile per noi presumere che le differenze osservate sarebbero accettabili per l'altra persona e per il cliente. Piuttosto, potremmo informarci su altre modifiche che sarebbero più accettabili per il cliente.

IV. Spiegazione e significato

"Cambiare significato" - vi riferite alla posizione SF, ma questa è la prima volta. Dovrebbe essere ampliato un po' da qualche parte?

"Dare un senso alle percezioni" - Questo è difficile, qualcosa che richiede che teniamo le nostre idee fuori dai piedi. A volte, questo significa esprimerli ai clienti o ai colleghi, ma fare qualcosa per tirarli fuori dalle nostre teste (tranne quando potrebbe essere utile, ad esempio, se pensiamo sinceramente a qualcosa che il cliente non conosce o di cui non è consapevole).

Avete espresso le vostre opinioni sulle idee pertinenti di Wittgenstein e su come esse pervadono il nostro lavoro in modo molto chiaro e utile.

In generale, i vostri pensieri sul significato sono fantastici. La nozione di co-costruzione di significato non è però molto chiara. Non sono sicura di dove ciò possa portare, ma penso che sia fonte di confusione per coloro che non hanno familiarità con il post-strutturalismo e la filosofia in generale. Penso che questo sia molto importante, espandere la comprensione del significato da parte delle persone come non ingestibile e creato nel contesto, non solo nelle loro teste. Questo si applica alle relazioni con altri importanti in termini di come i loro significati possono negare le idee dei clienti o, almeno, essere fonte di confusione per il cliente. Inoltre, in termini di supporto al cambiamento desiderato, i nuovi significati nelle vite dei clienti devono includere una sorta di co-costruzione con gli altri, non solo con il professionista. Allo stesso modo, cambiando direzione, noti gli aspetti del cambiamento centrati sul cliente, prendendo i loro valori, ecc. come "base per l'aiuto", potresti includere anche un'enfasi centrata sul contesto: i valori, le visioni del mondo e le esperienze del contesto sociale del cliente, inclusi sistemi più ampi come l'istruzione, la politica e l'assistenza sanitaria.

Ho un po' un problema con l'idea che tutti siano in grado di vivere una vita significativa, almeno come affermato qui. Credo che tutti gli esseri umani abbiano valore e capacità, ma a volte il loro contesto non consente molto. Penso in particolare ai rifugiati.

"Costruire con fiducia e resilienza - ben fatto!". Nella mia esperienza, troppi professionisti credono di stare al di sopra dei loro clienti in qualche modo e, senza volerlo, negano le capacità e le risorse dei clienti, o pensano che ce ne siano di migliori.

Apprezzo molto anche le nozioni fornite sull'assistenza alle conseguenze dei cambiamenti. Una delle critiche che ho sentito sulla SFBP è che in qualche modo non consideriamo le conseguenze spiacevoli, lasciando che sia il cliente a sbattere contro qualcosa senza preavviso quando abbiamo le nostre esperienze e quelle degli altri da suggerire (provvisoriamente, ovviamente). Ho avuto un certo numero di clienti che hanno cambiato in qualche modo gli obiettivi dopo aver riflettuto sulle potenziali conseguenze negative dei loro cambiamenti. Altri hanno stabilito che accontentarsi di meno di 10 sulla scala è ok, a causa dell'equilibrio dei diversi aspetti della loro vita, di come questi sono influenzati dal cambiamento e di come possono rispondere.

V. Principali presupposti, valori e convinzioni.

Non ricordo nulla in de Shazer, sulla mediazione offerta per aiutare i clienti in conflitto. Ciò non significa che non ci sia, solo che non lo ricordo.

Non sono d'accordo sul fatto che la SF non abbia una teoria sullo sviluppo delle capacità del cliente. Penso che lo faccia attraverso l'espansione delle convinzioni, azioni, significati dei clienti - opportunità espanse e / o comprensione, espansione del pensiero e dell'essere prontamente disponibili per i clienti. Inoltre, la nostra forte convinzione nelle capacità dei nostri clienti di sapere quali sono i cambiamenti migliori per loro, di agire di conseguenza e di co-costruire un significato da essi. Naturalmente, questi sono spiegati più chiaramente in altre teorie come la psicologia sociale, ecc., ma penso che siano impliciti nella nostra posizione sulle persone e sul cambiamento.

Mi piace la metafora della mappa. Le mappe, per necessità, omettono molte informazioni. La nostra posizione professionale di curiosità ci aiuta a chiarire le omissioni che possono essere utili ma non notate dai clienti.

Suggerisco di prestare attenzione quando si scrive di "positività". È preso in così tanti modi, specialmente dalla cosiddetta psicologia positiva, che molti professionisti credono di essere centrati sulla soluzione perché si concentrano su aspetti positivi o punti di forza. Penso che il vostro lavoro indichi chiaramente che questo non è il centro del nostro lavoro. Se tutto ciò che facciamo è sottolineare gli aspetti positivi, rischiamo di perdere molte risorse e di lasciare il cliente non ascoltato. Nient'altro in quella sezione punta alla positività di per sé, quindi penso che sia meglio chiarirlo o ometterlo.

Connettersi con la lingua del cliente è così importante, anche quando si formulano aggiunte a turno. Il linguaggio, di per sé, è un aspetto molto importante, che comprende più delle parole, ma il modo in cui sono messe insieme, i valori e le convinzioni che suggeriscono, la riflessività del contesto, le possibilità e le impossibilità, ecc. Penso, come esempio, che "usare il nucleo di concetti e la logica del cliente" potrebbe chiarire un po' le cose. Altrimenti, la mia esperienza nella formazione e nella supervisione è che gli studenti pensano che questo significhi solo parole e solo significati letterali delle parole (o i significati soggettivi che attribuiscono alle parole dei clienti, che spesso porta a tutti i tipi di inesattezze o sviste).

Mi piace che sottolineiate che spesso nelle descrizioni dei clienti c'è molto di "piccoli dettagli intricati". Sfumature, opportunità di significati alternativi, ecc. emergono attraverso la nostra curiosità e le nostre domande, attarverso richieste di dettagli anche quando i clienti pensano che siano "banali".

Offrire un supporto adeguato - è qui che credo sia molto importante tenere conto del contesto e di altre cose importanti. La nozione di supporto può essere costruita tra professionista e cliente, ma credo che funzioni meglio se co-costruita tra il cliente e altre persone importanti interessate dal cambiamento.

Bene per aver accennato al fatto che la competenza del cliente potrebbe essere non cosi evidente! Come professionisti, dobbiamo essere fedeli alle nostre convinzioni sulla competenza del cliente e cercarla attivamente quando i clienti sono particolarmente scoraggiati, confusi o sconcertati.

Notare e amplificare il progresso: questo è un aspetto in cui potreste enfatizzare la necessità di identificare come cambiano le azioni del cliente. Come hanno fatto accadere qualcosa, o come hanno sostenuto qualcosa, o cosa possono fare per mantenerla? Sarebbe utile un esempio.

Spero che questi commenti aggiungano alcune idee che possano essere utili e sono molto grata a tutte le persone che hanno messo così tanta energia e impegno in questo testo.

Alasdair J. Macdonald

Questo testo mi sembra essere un prezioso contributo alla letteratura sulla pratica centrata sulla soluzione. Rappresenta il lavoro dei leader mondiali all'interno di questa disciplina per la parte migliore di un decennio. L'attuale gruppo di studio supportato dalla *European Brief Therapy Association* (EBTA) comprende nove professionisti ben noti, in rappresentanza di otto paesi. Due di questi professionisti erano membri fondatori dell'EBTA. Negli anni precedenti altri importanti professionisti sono stati membri di questo gruppo. Gli autori citano anche le opinioni di molte altre note autorità.

Al progetto è stato dedicato molto tempo da parte dei membri dell'EBTA nella maggior parte dei loro incontri internazionali. Essi hanno attinto alle competenze dei membri del gruppo esistenti, nonché alle idee presentate da altri professionisti alle conferenze internazionali e ad altri importanti incontri. Il documento risultante presentato qui è un resoconto chiaro e utile delle idee centrali attualmente incluse nella pratica centrata sulla soluzione in tutto il mondo. Come si vedrà, molte di queste idee vengono delineate anche in documenti simili di altri paesi, come la guida fornita dalla *Solution-Focused Brief Therapy Association* del Nord America.

C'è un lungo dibattito sulla Terapia Centrata sulla Soluzione come pratica, con o senza una teoria del cambiamento. Esistono molte pubblicazioni che hanno tentato di mettere in relazione questa forma di pratica con l'efficacia o meno di altre forme di terapia.

Esistono inoltre molte pubblicazioni che cercano di mettere in relazione la pratica centrata sulla soluzione con i molti riferimenti fatti all'interno delle idee filosofiche presentate nel lavoro di Wittgenstein. Il lavoro di Wittgenstein è una pietra miliare nell'uso del linguaggio nella comunicazione umana e nel linguaggio come un modo di costruire significato nella nostra comprensione cognitiva del mondo umano.

Steve de Shazer era ampiamente considerato da molti filosofi accademici come un pensatore eccezionale in relazione alle idee di Wittgenstein. Tuttavia, l'esistenza di così tante opinioni nel tentativo di descrivere la Terapia Centrata sulla Soluzione, può implicare che da qualche parte non afferriamo il punto. Forse non siamo ancora all'altezza del livello di discorso richiesto per rappresentare chiaramente la pratica centrata sulla soluzione.

Le idee e le tecniche centrate sulla soluzione sono ampiamente utilizzate nel lavoro di gestione e organizzazione. Hanno dimostrato un notevole successo in questi contesti. Esiste una notevole quantità di letteratura che riporta progetti e studi di ricerca riguardanti applicazioni centrate sulla soluzione sul posto di lavoro. A differenza del mondo della terapia, sembra esserci poca rivalità tra queste applicazioni e i tanti altri strumenti organizzativi a disposizione del mondo commerciale. Un professionista di successo troverà impiego e profitto sia che utilizzi idee centrate sulla soluzione o qualche altro modello di lavoro. Parlare di "pagamento in base ai risultati" sembra un modo piuttosto facile per riassumere questa differenza, ma è un mantra aziendale ben consolidato.

L' *Elenco di valutazione* degli studi di ricerca *dell'EBTA* si estende dal 1995 fino allo 03/11/17. Google Scholar presenta più di 2800 pubblicazioni ogni anno in inglese e in almeno altre 12 lingue. Il materiale esistente valido nel 2017 includeva 10 meta-analisi; 7 revisioni sistematiche; 325 studi sui risultati rilevanti, inclusi 143 studi randomizzati controllati che mostrano benefici da approcci centrati sulla soluzione con 92 che mostrano benefici rispetto ai trattamenti esistenti. Su 100 studi comparativi, 71 erano favorevoli all'SFT. I dati sull'efficacia presentavano anche oltre 9000 casi con una percentuale di successo superiore al 60%; necessarie in media da 3 a 6,5 sessioni di tempo di terapia.

Negli Stati Uniti d'America il modello è approvato dal governo federale degli Stati Uniti: SAMHSA-Il Registro Nazionale dei programmi e delle pratiche basati sull'evidenza (NREPP)[104]. Per quanto riguarda gli altri stati, lo hanno approvato lo Stato di Washington e lo Stato dell'Oregon[105]. Lo Stato del Texas sta esaminando le prove. Minnesota, Michigan e California hanno organizzazioni che utilizzano approcci brevi centrati sulla soluzione. La Finlandia ha un Master in Terapia Centrata sulla Soluzione (riconosciuto in Inghilterra), e Singapore ha un programma di accreditamento approvato. Il Canada ha un organismo di registrazione per professionisti e terapisti. La Corea del Sud ha un corso di formazione certificato e una rivista nella lingua pertinente. Svezia, Polonia, Germania e Austria lo riconoscono nella loro qualifica di pratica sistemica. Il Galles

---

[104] Riportato da https://www.nrepp.samhsa.gov/landing.asp; 2018, May 18.
[105] www.oregon.gov/DHS

(Regno Unito) lo include nel proprio programma di salute mentale primaria.

Arild Aambø

Mi è piaciuto leggere l'ultima versione della *Teoria della Pratica Centrata Sulla Soluzione*. È davvero un'opera impressionante, una raccolta completa di vedute ordinatamente riunite in un documento stimolante. Mi è piaciuto in particolare il paragrafo su *Le principali ipotesi, valori e convinzioni*, poiché corrisponde in larga misura alle mie opinioni. Tuttavia, mi fa pensare: *"Quali sono gli usi dei principali presupposti, valori e convinzioni?"*.

Tali affermazioni funzionano come premesse per argomenti derivati logicamente? Questo fa sorgere la domanda successiva: *"La pratica SF è costruita su tali costruzioni teoriche?"* Ovviamente no. A quanto mi risulta, Steve ha costruito il suo modello studiando i video di Insoo e altri lavori spontanei e creativi, concentrandosi su ciò che le differenze fanno la differenza, collegandolo solo in seguito a una filosofia del linguaggio. Potrebbe essere che *I principali presupposti, valori e convinzioni* fungano da linee guida, supportando e ispirando il nostro lavoro clinico? Qui, la mia risposta sembra essere: "Forse, almeno per alcuni". Dovrebbero essere presentati ai clienti come una visione diversa del mondo per facilitare il cambiamento? Oppure, tali affermazioni servono solo come ancore o collegamenti per alcune discussioni più ampie o più profonde che lasciamo intatte? È un modo per spiegare la nostra pratica ad altre persone, o è qualcosa a cui dobbiamo solo adattarci e accettare per diventare veri terapeuti SF? Tali domande mi ispirano ad offrire alcuni punti di vista alternativi, in gran parte influenzati dalle mie esperienze di lavoro come medico, facilitatore e ricercatore riguardo ai problemi di salute tra la grande diversità di immigrati in Norvegia negli ultimi decenni e, non ultimo, dalla mia preoccupazione su alcuni casi estremi di violenza che si sono verificati sia tra i nativi che tra gli immigrati.

In primo luogo, un presupposto che ritengo molto importante è che *il cambiamento sia inevitabile.* È quindi un po' sorprendente per me scoprire che quasi ogni volta che il cambiamento è menzionato nel documento, cosa che succede abbastanza spesso, viene presentato *come se* i clienti fossero bloccati senza cambiamenti e *come se* lo status quo fosse la regola, e il terapeuta così come il cliente dovessero sforzarsi per creare il cambiamento.

In secondo luogo, oggi c'è un considerevole interesse per una *biologia della cognizione* che presuppone che tutta la vita sia finalizzata affinché le creature a tutti i livelli dirigano le loro azioni verso obiettivi come soddisfare un bisogno o, a un meta livello, trattenersi da tali sforzi. La maggior parte degli esseri umani ha la capacità di scegliere tra obiettivi e questa scelta instilla un senso di responsabilità, per preservare lo scopo della vita, che sembra essere unico per gli umani. Il senso di responsabilità si aggiunge al nostro valore come esseri umani e, secondo Hans Jonas, quando agiamo in modi che rendono più difficile per gli altri assumersi la loro responsabilità, agiamo in modo non etico.

Se Jonas, Maturana e molti altri che hanno discusso di questi problemi hanno ragione, essere diretti all'obiettivo (e quindi anche orientati alla soluzione), è in realtà l'attitudine naturale per gli esseri umani. A volte, tuttavia, quando l'intenzionalità è combinata con il potere di agire e la forza di attuazione derivati in qualsiasi senso dai bisogni e dalle responsabilità di altre persone, ciò che io tendo a chiamare *potere non contenuto*, può fare un grande danno alla natura e all'ambiente sociale. Pertanto, il nostro problema come esseri umani, di solito non è che ci mancano obiettivi e scopi. La sfida è scegliere tra gli obiettivi per perseguire quelli che sono più soddisfacenti, gratificanti ed eticamente accettabili.

Come terapeuti, la nostra preoccupazione dovrebbe essere il fatto che alcune persone potrebbero essere cadute vittime di cambiamenti che non hanno richiesto, cambiamenti che tipicamente non si adattano e che li lasciano con un senso di confusione e impotenza, ostacolando o paralizzando momentaneamente i loro scopi. Tra le altre cose, questo può essere il risultato, appunto, del potere di altre persone. Presumo che in molti di questi casi sia altamente appropriato un processo di rafforzamento e responsabilizzazione facilitato e stimolato da domande centrate sulla soluzione. Qui, intendo empowerment non come emancipazione, ma come un processo per stimolare la motivazione a relazionarsi o persino a far fronte a cambiamenti indesiderati.

L'empowerment potrebbe ripristinare l'intenzionalità, aiutare le persone ad acquisire fiducia e confidenza nelle proprie competenze e motivare le persone ad assumere un maggiore controllo nelle loro vite. Lavorando con donne immigrate dal Pakistan e da altre società altamente patriarcali, tuttavia, ho spesso sperimentato che questo non era un processo semplice.

Il patriarcato è opprimente, ma offre anche grandi possibilità di protezione, da cui dipendono molte di queste donne e per la quale sono disposte a pagare, sacrificando l'influenza su determinati domini. Il processo di empowerment è menzionato più volte e ben descritto nella versione 2020 della teoria SF, dove si parla molto anche di stimolare l'agire dei clienti. Immaginare un futuro migliore è ovviamente importante per tutti noi. Tuttavia, lo stesso vale per visualizzare le conseguenze potenzialmente dannose delle nostre azioni, specialmente quelle non intenzionali e di cui non siamo consapevoli. Sappiamo tutti quanto il potere non contenuto e gli sforzi solipsistici possano essere dannosi e portarci fuori strada e, quindi, dobbiamo chiederci se stimolare l'agire delle persone sia appropriato in tutte le situazioni e in tutti i diversi domini in cui viene introdotta la pratica SF. Quello che trovo mancante è un'enfasi più chiara sulle prospettive di altre persone, sia che queste persone siano altre significative o sconosciute a noi, ma potenziali vittime del nostro agire. In altre parole, credo che non sia del tutto corretto introdurre l'empowerment senza una discussione più approfondita sulle questioni di potere.

Una visione più equilibrata può essere ottenuta ponendo domande sulla relazione, le quali se usate correttamente sono ugualmente adatte a chiarire il supporto sociale e mitigare l'agire. È anche importante che i terapisti aiutino i loro clienti a riflettere su valori e atteggiamenti. Sebbene non siano completamente trascurate, penso che tali domande e considerazioni abbiano troppa poca enfasi nel documento. Per quanto mi ricordo, quando Insoo interveniva nella sua pratica familiare, ha detto che ha utilizzato un approccio SF in circa l'80% dei suoi casi. Alla fine, è una domanda sui limiti della pratica SF, su cui non trovo menzione nella bozza della teoria. Dopo più di 40 anni di pratica, questa è ancora una domanda senza risposta, anche se potrebbe avere implicazioni altamente etiche.

Sono d'accordo che i termini *cliente*, *persona che si lamenta,* e *visitatore* siano ora tralasciati, poiché le connotazioni non sono adatte a supportare una pratica SF. Mi manca tuttavia una discussione sulla relazione tra cliente e terapeuta - come questa relazione possa essere compresa e la necessità di creare fiducia affinché le parole e le espressioni siano interpretate nel loro senso migliore.

Infine, anche se le incomprensioni possono essere la regola e, se rivelate, possono essere abbastanza stimolanti e offrire opportunità creative, penso che sia saggio lavorare per una comprensione condivisa della situazione, nonché del problema e della soluzione. La comprensione condivisa è un problema nel lavoro SF?

Inoltre, cosa è successo alle domande sulla tecnica della scala?

I numeri, con tutte le loro insidie, possono ancora essere un'espressione eccellente e molto precisa che facilita una comprensione condivisa.

Bibliografia

Aambø, A. (2014). "One Heart, Many Hands" Reflections on diversity, relationships, and expanding conversations. *Fokus på Familien*, 42(1): 49-71.

Jonas, H. (1981*). The Imperative of Responsibility - In Search of an Ethics for the Technological Age*, Chicago: The University of Chicago Press.

Maturana, H. R., Varela, F. J. (1987). *The Tree of Knowledge - The Biological Roots of Human Understanding*, Boston: Shambala Publications.

Sukanya Wignaraja

La mia introduzione alla pratica centrata sulla soluzione è avvenuta poco più di dieci anni fa. Mi ha aperto gli occhi, un modo molto diverso di "fare" la terapia e ha messo in discussione gran parte di ciò che sapevo allora. Ero, come molti neofiti, scettica ma allo stesso tempo curioso. Ho avuto anche la fortuna di avere un'eccellente insegnante e mentore in Debbie Hogan che mi ha guidato e ha risposto pazientemente alle mie domande. Debbie ci ha raccontato la storia di come si è sviluppata la Terapia Centrata sulla Soluzione e ricordo di essere stata colpita da come è nata dalla pratica, da come la sua teoria è arrivata più tardi e ho avuto la sensazione che la teoria fosse in qualche modo meno cruciale nella comprensione di come funzionasse la pratica centrata sulla soluzione. Le discussioni successive con i colleghi nel corso degli anni mi hanno fatto sentire il bisogno di una teoria chiaramente articolata, non solo per quelli di noi all'interno della comunità SF, ma anche qualcosa verso cui indirizzare le persone, siano essi critici o curiosi di saperne di più. Questo documento ha colmato questa lacuna e sono grato al gruppo di lavoro EBTA per averlo prodotto.

Come con qualsiasi modello, SF ha i suoi critici, ma ora c'è un crescente corpo di ricerca che dimostra la sua efficacia ed i suoi risultati. Una teoria agisce non solo come punto di riferimento per i professionisti, ma anche come chiara spiegazione di ciò che facciamo, come e perché. Quando ho iniziato a usare la SF nella mia pratica terapeutica, tenevo un elenco di domande (molti di noi lo facevano), che funzionava come un incrocio tra un copione e un promemoria. Oggi, quel copione non è più necessario poiché le domande sono diventate una seconda natura. Mentre leggevo questo documento, mi ha fatto pensare di nuovo a come lavoro, alla logica alla base di ciò che faccio e anche al modo in cui SF si è saldamente radicata nel modo in cui mi avvicino a molte cose, non solo al mio lavoro. SF, come tutti sappiamo, appare ingannevolmente semplice ma richiede una mentalità disciplinata e una comprensione della logica per mantenere quella semplicità. Questo documento espone questa logica in modo chiaro e accessibile. Ho particolarmente apprezzato la sezione "Cambiare il significato" che spiega idee filosofiche complesse nel contesto della pratica SF.

I presupposti e le convinzioni della SF sono al centro di ciò che facciamo e quella particolare sezione del documento è, a mio avviso, una delle più importanti. Evidenzia anche un altro aspetto della pratica SF, il linguaggio che usiamo: le domande apparentemente semplici che sono in realtà costruite con cura e intenzionali. I clienti a volte capiscono questo e commentano che le domande sono "diverse", "interessanti" o diranno "nessuno me lo ha mai chiesto prima". È molto utile avere un breve riassunto di come questi presupposti e convinzioni si collegano al modo in cui i professionisti danno un senso alla visione del mondo del cliente, alle loro speranze e alla loro convinzione nella propria capacità di cambiare, prestando particolare attenzione al futuro desiderato (e quest'ultimo è unico per la SF). Questo documento evidenzia anche un altro aspetto della SF che è spesso colta dai critici, che la SF è in qualche modo superficiale e non riesce ad andare "più in profondità" e trascura il passato dei clienti. Le spiegazioni dettagliate di come funziona un "colloquio" SF e gli strati intricati in essa contenuti, contribuiscono notevolmente ad affrontare e confutare tali critiche.

La sezione sugli "argomenti chiave" è molto ben organizzata e, ancora una volta, scompatta il modo in cui i professionisti di SF lavorano con i clienti e illustra la ricchezza del modello. Naturalmente, una delle caratteristiche uniche di SF è che viene utilizzato con uguale successo in un contesto terapeutico così come con i gruppi, organizzazioni e in contesti aziendali. Questo aspetto è completamente evidenziato.

Questo documento è un'eccellente risorsa nel modo in cui riunisce la teoria e la pratica SF ed è un'importante aggiunta al canone SF. Mentre sarà accolto con favore da professionisti e formatori, è essenziale anche una più ampia circolazione al di fuori della comunità SF.

Guy Shennan

Sono onorato di essere stato invitato dal Gruppo per la Definizione Pratica dell'EBTA a scrivere alcune riflessioni sulla *Teoria della pratica centrata sulla soluzione*. Innanzitutto, voglio congratularmi con il gruppo per la loro longevità e tenacia, poiché ho letto che il loro lavoro è iniziato nel 2007. Anche se questo potrebbe far sembrare che il loro lavoro non sia stato breve. Sono sicuro che non hanno avuto un incontro più del necessario! Noto che altri documenti sono stati prodotti lungo il percorso, ad esempio la *Definizione Pratica EBTA* nel 2012. Devo dire che non lo ricordo, anche se sono sicuro che sia stato oggetto di discussione alle conferenze e agli incontri EBTA. Lo cito ora per contrastare la mia impressione di questo documento, che grazie agli sforzi del gruppo, sia durante che tra le conferenze, ha sviluppato un profilo notevole. Mi congratulo anche con il gruppo per questo, per come hanno portato il loro lavoro alla nostra attenzione e incoraggiato il nostro impegno al riguardo. È un documento vivo, che respira, la cui provenienza collettiva è chiara. Mi riferisco qui non solo ai nove autori citati in prima pagina, ma anche al modo in cui quegli autori hanno coinvolto una più ampia comunità centrata sulla soluzione nello sviluppo del lavoro. C'è una fotografia appropriata di molti altri collaboratori del documento alla fine del documento stesso, sotto il titolo appropriato: "Espandere il cerchio delle idee". Anche le note a piè di pagina, alcune delle quali fanno riferimento a commenti fatti su precedenti bozze, e le modifiche apportate al documento, attestano gli sforzi collettivi che l'hanno creato. Infine, mi congratulo con il gruppo per il documento stesso.

Il suo sviluppo collettivo si adatta alla cultura che originariamente produceva una Terapia Breve Centrata sulla Soluzione a Milwaukee nei primi anni '80. Negli ultimi anni, insieme a uno dei membri del gruppo di lavoro, Kirsten Dierolf, ho avuto una serie di conversazioni con alcune delle persone che erano al Centro per la Terapia Familiare Breve fin dai primi giorni, ed è stata chiara l'importanza del lavoro di squadra per lo sviluppo dell'approccio centrato sulla soluzione. Nella loro conclusione, il gruppo di lavoro fa riferimento alla "cultura della curiosità" a Milwaukee, ed a "condivisione e dibattito che hanno contribuito a realizzare l'approccio". Credo che la speranza del gruppo che il loro lavoro continui a nutrire una tale cultura, "per mantenere vivo l'approccio e aperto al cambiamento", si stia realizzando, e che questo contribuirà alle "ulteriori spirali di evoluzione" che essi anche sperano.

Forse non sorprende che la natura collettiva di questo lavoro mi si sia presentata con forza, dati i miei interessi attuali. In un precedente tentativo di sviluppo della teoria, quando Steve de Shazer (1994) stava cercando di dare un senso al lavoro di Milton Erickson, ha considerato gli effetti della sua decisione di interpretare gli esempi di casi di Erickson come storie. Ha spiegato come il suo ruolo di "lettore" sia poi entrato nel processo e "l'unità di investigazione è passata da (1) Erickson e le sue carte a (2) Erickson, le sue carte e me" (de Shazer, 1994, p. 32). Allo stesso modo, mentre rifletto sulla *Teoria della pratica Centrata sulla Soluzione* del gruppo di lavoro, quello che sto effettivamente facendo è riflettere su questa teoria e su di me. Questo può essere visto come un esempio della "visione interattiva" (Watzlawick & Weakland, 1977), che permea la teoria del gruppo di lavoro (un aspetto che, forse in modo un poco paradossale, più in là contesterò delicatamente).

Quindi, riflettendo su questa teoria (o Teoria) attraverso il prisma dei miei interessi e come membro del *Collettivo Centrato sulla Soluzione* (2019), è stato bello vederlo menzionato, anche se in una nota a piè di pagina, e i riferimenti fatti ai fattori ambientali e politici. Sebbene questi siano descritti solo in modo scarno, e caratterizzati principalmente come parte del retroterra individuale del cliente, sono suggerimenti ben accetti ad alcune potenziali "spirali evolutive". Ad esempio, si presume che "il cambiamento avvenga nel contesto sociale del cliente" (p. 53) quindi molte domande riguardano i cambiamenti preferiti nelle relazioni e nell'ambiente in questione.

La nota a piè di pagina che menziona il Collettivo, è allegata a un riferimento al "potere di influenzare" del cliente e si riferisce all'ambiguità associata all' "empowerment" (p. 44). Questa ambiguità è presente qui, con l'empowerment visto come un invito al cliente a diventare consapevole del proprio potere, o agentività (capacità di agire intenzionalmente n.d.t.), ed è principalmente empowerment personale, sebbene includa anche empowerment interpersonale e socio-politico (p. 44). L'ultimo di questi si dice che riguardi l'accesso alle risorse e la "messa in discussione delle verità comunemente accettate", il che sembra interessante anche se trarrebbe beneficio da qualche ulteriore delucidazione e illustrazione.

C'è un accenno al ruolo di un difensore nell '"accesso alle risorse", mentre la parte interrogativa mi ha ricordato il modo in cui un terapeuta narrativo potrebbe decostruire un "discorso dominante" che impatta sulla vita di un cliente. Potrei qui andare oltre quanto intendevano gli autori, ma penso che ci sia ancora molto da fare.

In un interessante passaggio correlato nella sezione introduttiva, vengono discussi gli effetti su un cliente della sua appartenenza a molti gruppi, e anche gli effetti su quei gruppi dei cambiamenti nel cliente. Si suggerisce che "cliente" possa riferirsi a un gruppo o un'organizzazione oltre che a un individuo, ma una maggiore chiarezza aiuterebbe. Il passaggio si conclude con il commento "La pratica SF onora l'individuo all'interno della rete di interazioni", e io penso che lo si faccia molto, ma poi aggiunge curiosamente "senza privilegiare l'individuo sul collettivo" (p. 26). Penso che l'individuo *sia* privilegiato nella teoria, che come qui presentata è di uno sforzo largamente individualistico, nonostante i riferimenti nella Parte 1 ai contesti più ampi e non-terapeutici in cui viene ora utilizzato l'approccio centrato sulla soluzione. Il mondo potrebbe cambiare, così come gli individui al suo interno, e sicuramente un approccio centrato sulla soluzione potrebbe aiutare anche in questo. Come suggerisce la nota a piè di pagina sul *Collettivo Centrato sulla Soluzione*, dovremmo evitare di trasferire questioni pubbliche in problemi privati e, come professionisti centrati sulla soluzione, dobbiamo stare in guardia contro la connivenza con tali trasferimenti, tanto quanto qualsiasi altro presunto aiuto professionale.

Dopo aver fatto riferimento al mondo o agli individui al suo interno che cambiano, permettetemi di offrire alcune riflessioni su questa idea di cambiamento. A volte inizio i workshop invitando i partecipanti a pronunciare una parola che secondo loro potrebbe essere la più centrale per l'approccio centrato sulla soluzione. È un'attività da non prendere troppo sul serio, poiché non credo ci sia una parola in particolare al centro dell'approccio, ma è un bel modo per creare energia e far riflettere le persone, e alla fine qualcuno griderà la parola "cambiamento".

Se l'approccio avesse una parola centrale, questa sarebbe la scelta preferita di molti. Ciò conduce anche alla storia piacevolmente paradossale dell'origine della SFBT, di come qualcuno, dietro lo schermo a Milwaukee, abbia suggerito quello che sarebbe diventato il Compito della Prima Sessione della Formula - chiediamo al cliente di pensare a cosa NON vuole cambiare! Quindi nella sessione successiva, i clienti hanno riportato cambiamenti positivi con dettagli concreti. Quindi, forse cambiamento è la parola d'ordine, dopotutto. Appare certamente fondamentale in questo documento, in cui compare 145 volte, con la pratica centrata sulla soluzione che è un'"attività per aiutare i clienti a cambiare" (p. 33) e colloqui centrati sulla soluzione centrati sul "cambiamento desiderato" dal cliente (p. 53).

Questo, tuttavia, non è il modo in cui io penso alla pratica centrata sulla soluzione. L'idea di cambiamento suggerisce di passare da uno stato a un altro, e quindi tiene in vista due stati, che potrebbero essere considerati rispettivamente come uno stato sul "problema" e uno sulla"soluzione". Ciò si adatta al modo in cui è stato sviluppato l'approccio e al motivo per cui ha questo nome " centrato sulla soluzione", che ora sembra sfortunato. Non è tanto che "soluzioni" è diventata una parola così abusata nel marketing, che la rivista satirica inglese, *Private Eye*, ha tenuto una rubrica regolare che prendeva in giro (ad esempio, scatole di cartone vendute come "Soluzioni per la Conservazione degli Ornamenti Natalizi"). È che la parola non si adatta all'attività come la intendo io e penso che si sia sviluppata, soprattutto dagli anni '90 in poi. L'idea di "soluzione" suggerisce che un "problema" viene "risolto", proprio come l'idea di cambiamento suggerisce un cambiamento da uno stato all'altro.

Non ricordo di avere mai avuto questa idea, ovvero di aiutare un cliente a passare da uno stato all'altro - cercando, in parte, eccezioni al primo stato problematico, da quando sono stato formato per la prima volta in SFBT nel 1995. Ero istruito dal BRIEF e, a mio avviso, la loro razionalizzazione dell'approccio era già molto avanzata a quel punto, ed erano vicini ad essere "oltre le soluzioni", per usare il titolo della loro presentazione alla conferenza EBTA del 2003. Guardando indietro ora, credo che fossero sviluppi cristallizzati che erano già iniziati a Milwaukee e che Steve de Shazer riassunse in un'intervista con Dan Short (de Shazer e Berg, 1997), dicendo che la Solution Focused Brief Therapy era "solo la domanda del miracolo e la tecnica della scala". Un'altra parte di questo puzzle - in cui i pezzi venivano ridotti al minimo - era concentrarsi sui momenti in cui il miracolo stava già accadendo, soppiantando l'attenzione sulle eccezioni (ai problemi che non venivano più posti). Secondo Michele Weiner-Davis, Eve Lipchik sono stati i primi nel team di Milwaukee a chiedere informazioni su questi tempi (Malinen, 2002), ora spesso conosciuti come "istanze"[106].

Altri due pezzi essenziali del puzzle sono stati la coniazione da parte di Chris Iveson della domanda: "Quali sono le tue migliori speranze dal nostro lavoro insieme?", e l'immagine del miracolo che diventa quella di quelle speranze che vengono realizzate piuttosto che dei problemi del cliente che sono scomparsi. Il secondo di questi ha rimosso l'ultimo riferimento persistente al "problema" dal processo, consentendo così il passaggio finale oltre la soluzione, mentre il primo suggerisce cosa potremmo trovare lì. La mia descrizione del processo centrato sulla soluzione, e forse anche il mio fondamento logico per esso, sarebbe quello di un processo con la *speranza* al centro - o al suo inizio potrebbe essere più accurato - piuttosto che il cambiamento. Piuttosto che, come in questa teoria, "le migliori speranze" sono solo uno dei tanti modi per descrivere il "miglior cambiamento possibile" del cliente, vedo che la pratica centrata sulla soluzione consente un'articolazione del movimento, sia potenziale che reale, verso le migliori speranze del cliente dal lavoro.

Le parole contano e ho dedicato un po 'di tempo alla scelta di "consentire" nella frase precedente. Alcune persone - incluso il Gruppo di Definizione Pratica dell'EBTA - potrebbero invece essere andate per la "co-costruzione", seguendo le grandi orme centrate sulla soluzione di Insoo Kim Berg, che ha co-scritto l'articolo che il

---

[106] Contrariamente alla nota a pagina 69, questo termine non è stato "coniato" da BRIEF. Vedi il mio post sul blog per la storia completa! (Shennan, 2020).

gruppo cita, come uno dei primi precursori del loro tentativo di fornire un fondamento logico per la pratica centrata sulla soluzione (Berg & De Jong, 1996). Questo articolo colloca l'SFBT come uno dei numerosi approcci costruttivisti sociali, ed è stato interessante rileggerlo in questo contesto e considerare le motivazioni che potrebbero essersi trovate dietro la sua scrittura - e per estensione quelle dietro questo documento. L'SFBT condivide sicuramente caratteristiche con approcci visti come costruttivisti sociali, e non sarebbe nemmeno sorprendente se fosse offerta la credibilità intellettuale e professionale di essere visti per condividere questa metateoria.

Non sono convinto che in questo modo la pratica centrata sulla soluzione debba essere situata sotto una metateoria. Sarebbe utile un'ulteriore discussione su questo, e ciò si collega chiaramente con la Teoria qui presentata, ma terminerò con una riflessione su un aspetto specifico del costruzionismo sociale che utilizza, la nozione di *co-costruzione*. Mi chiedo se l'intenzione del costruzionista sociale di enfatizzare l'importanza dell'interazione abbia portato a una terminologia che enfatizza eccessivamente il ruolo del professionista nella generazione di ciò che appartiene al cliente. Facilitare, abilitare, assistere, sono attività che ci mettono come professionisti centrati sulla soluzione al servizio dei nostri clienti e delle loro costruzioni di futuri preferiti e descrizioni del movimento verso di loro.

Allo stesso modo, queste mie riflessioni sono state influenzate da molte persone e da molte letture, prima di leggere lo stesso documento della Teoria, sebbene, anche se esse fossero state prodotte tramite un'intervista con me, piuttosto che da un solitario picchiettio sul mio laptop, sarebbero stati ancora i miei pensieri e la mia responsabilità. Spero che possano essere utili a qualcuno che li legge, e quindi avere anche un po' di influenza a loro volta.

Bibliografia

de Shazer, S. (1994). *Words Were Originally Magic*. New York: Norton.

de Shazer, S. & Berg, I. K. (1997). An interview by Dan Short with Steve de Shazer and Insoo Kim Berg, Milton H Erickson Foundation Newsletter, 17, 2.

Malinen, T. (2002). From Thinktank to New Therapy: The Process of Solution-Focused Theory and Practice Development. Originally published in Finnish in Ratkes, 2 & 3, 2001. http://www.tathata.fi/artik_eng/thinktank.htm Accessed 12 June 2020.

Shennan, G. (2020). What's in a word? Exceptions, instances, assets and unique outcomes. Guy's blog. https://www.guy-shennan.com/post/what-s-in-a-word-exceptions-instances-assets-and-unique-outcomes Accessed 12 June 2020.

Solution-Focused Collective (2019). The Manifesto, https://solfocollective.net/the-manifesto-for-text-readers/ Accessed 12 June 2020.

Watzlawick, P. & Weakland, J. (1977). *The Interactional View. Studies at the Mental Research Institute, 1965-1977*. New York: Norton.

Tomasz Switek

In questa breve recensione farò del mio meglio per condividere alcune idee spontanee che sono emerse nella mia mente, come reazione al ricco insieme di idee presentate nella "versione 2020" della *Teoria della Pratica Centrata sulla Soluzione* presentata dal Gruppo di Definizione Pratica dell'EBTA. Seguendo le abitudini create da Insoo Kim Berg voglio solo dire: Wow!

So che sono necessarie molte più parole per esprimere la mia gratitudine per gli autori, il mio rispetto per la loro stimolante collaborazione, la mia volontà di unirmi e continuare questo processo continuo di ridefinizioni costanti di ciò che la pratica centrata sulla soluzione significa nella teoria, nella descrizione e nella pratica Il gruppo di lavoro di definizione EBTA ha deciso di sfidare il problema della definizione della teoria all'interno della pratica centrata sulla soluzione. Tenendo presenti gli aspetti della teoria, della descrizione e della pratica, questo articolo esprime chiaramente il suo stato "semi-immaginario" (concetto di Hans Vaihinger dalla filosofia "Come se" - Vaihinger, 1911) per definire la pratica centrata sulla soluzione. Peter Sundman e il team, all'interno del gruppo di lavoro EBTA, hanno fatto un tentativo formidabile di descrivere un'ampia gamma di diversità all'interno dell'approccio SF, e lo hanno inserito in una sorta di definizione pratica. Possiamo vedere che gli autori hanno seguito l'inclusione di molte pratiche, piuttosto che l'esclusione di alcune esplorazioni. Tuttavia vale la pena ricordare la tendenza di Steve de Shazer a descrivere il suo lavoro usando affermazioni come: "Lo faccio", "Faccio quel qualcosa" che erano parole abbastanza ampie da includere la potenziale diversità degli stili di lavoro SF. Steve de Shazer una volta disse, in risposta alla dichiarazione di John Weakland sul raggiungimento dell'essenza ericksoniana (Hoyt, 2001):

"Quando inizi a cercare l'essenza del lavoro di Erickson o della terapia breve, sei sempre in pericolo di dimenticare le cose 'non essenziali'. Indichi automaticamente qualcosa che non è essenziale quando dici che qualcosa è essenziale. Automaticamente. E corri il rischio di infilare qualcosa nella scatola del 'non essenziale' che si rivelerà, a lungo termine, essenziale come qualsiasi altra cosa. "

Le righe qui sopra mi aiutano a capire il saggio sulla Teoria della pratica centrata sulla soluzione, come un tentativo dato di descrivere il nostro approccio centrato sulla soluzione come la mappa che non è il territorio. Naturalmente anche tutti i miei commenti in questa recensione dovrebbero essere trattati allo stesso modo.

Uno degli aspetti chiave a cui fanno riferimento gli autori, è il ruolo dell'idea che la pratica centrata sulla soluzione sia qualcosa di più dell'insieme delle domande e delle tecniche per svolgere i colloqui. In questo caso "più" significa che i professionisti che utilizzano un approccio centrato sulla soluzione, probabilmente sviluppano mentalità centrate sulla soluzione, almeno parzialmente radicate in alcuni sistemi teorici. Sono stato introdotto personalmente da Luc Isebaert all'idea che l'approccio SF è molto più di un modo di pensare che non solo il modo di parlare, o anche solo fare domande

SF. Gli autori rispetto alla storia e al processo di sviluppo dell'approccio, hanno fatto riferimento ad alcuni sistemi come: il costruttivismo sociale, la filosofia del linguaggio o il pensiero buddista. In effetti la diversità delle applicazioni, i diversi flussi all'interno della pratica SF hanno preso ispirazione anche da altri sistemi, come lo stoicismo, la semantica generale, il pensiero cristiano, la psicologia della salute solo per citarne alcuni. La mia speranza è che in futuro questa ricchezza di fonti di ispirazione venga esplorata molto di più.

Avendo in mente l'idea, presentata nel documento, dell'importanza del contesto, posso dire chiaramente che estrarre l'essere umano da un contesto particolare significa parlare di un essere umano totalmente diverso, uno abbastanza irreale, poiché nell'approccio SF, l'uomo dovrebbe essere sempre visto nel contesto e all'interno dell'interazione circolare tra l'essere umano e i contesti particolari.

Quando considero la mia pratica, posso vedere l'attenzione al contesto come qualcosa di fondamentale, e allo stesso tempo vorrei sottolineare l'importanza di promuovere l'idea del funzionamento dell'essere umano all'interno dei contesti: quelli esterni e quelli interni allo stesso tempo. Il nostro ruolo è quello di considerare e utilizzare in modo utile le potenziali interazioni all'interno e tra entrambi i tipi di questo contesto. Ne vedo ragioni anche nelle parole di Steve de Shazer e Insoo Kim Berg che la terapia breve è "una terapia organizzata intorno al contesto che le persone si sono costruite e / o in cui si trovano" (de Shazer & Berg, 1995).

Gli autori presentano la definizione generale della pratica centrata sulla soluzione come: "I clienti ricevono supporto per il cambiamento da un professionista in base alle risorse, abilità, punti di forza, speranze future e interazione all'interno del loro ambiente del cliente". Almeno per me, questa definizione restringe alcune possibilità nella pratica quotidiana, che sono anche menzionate in una certa misura nell'articolo. Una delle strategie a cui mi riferisco è l'utilità delle percezioni, dell'esperienza, della conoscenza e dell'uso delle "teorie della psicologia sociale, della psicologia discorsiva e della teoria dei sistemi" da un punto di vista professionale, che gli autori hanno apertamente menzionato. Propongo un'altra definizione generale della pratica centrata sulla soluzione come "assistere i clienti nel raggiungere ciò che è voluto e scelto da loro in determinate situazioni sulla base di ogni fonte di ispirazione necessaria ed etica" (Switek, Panayotov, Strahilov, 2018).

Il nostro mondo SF è pieno di affermazioni sull'ascolto dei clienti e sulla costruzione di pratiche centrate sulla soluzione per ottenere da loro un feedback su ciò che è stato utile durante la sessione. C'è sempre la possibilità che i professionisti che utilizzano l'approccio SF possano valutare molto di più alcuni sistemi teorici rispetto ai suggerimenti del cliente. Lo stesso può accadere quando i professionisti trattano alcuni risultati SF, conclusioni sviluppate ad esempio in BFTC a Milwaukee o all'interno del Modello di Bruges, non come suggerimenti da esplorare e verificare, ma come principi SF di base che dobbiamo seguire durante la sessione. Gli autori ci ricordano il rischio di trasformare la pratica centrata sulla soluzione in una pratica forzata sulla soluzione. Tenendo presente l'idea della sensibilità al contesto, possiamo dire che la forma della pratica centrata sulla soluzione sviluppata in tempi e luoghi diversi, tra persone diverse, potrebbe essere vista da noi solo come ispirazione e che siamo obbligati a sviluppare la nostra pratica centrata sulla soluzione nel nostro tempo e luogo e con i nostri clienti. Il mio suggerimento è che ciò che fondamentalmente dovremmo imparare dal team di Milwaukee, è il modo in cui scelgono di co-creare pratiche centrate sulla soluzione, e dovremmo applicare tali modelli ai nostri contesti, con la speranza di risultati simili o diversi co-creati con i clienti attuali.

L'importanza del linguaggio è un altro aspetto fondamentale della pratica centrata sulla soluzione menzionata dagli autori. Posso solo supportare i miei colleghi nel promuovere l'importanza di tale questione all'interno della nostra pratica. Poiché l'argomento è ampiamente descritto all'interno del documento in questa rassegna, farò riferimento solo ad alcuni aspetti dell'uso della lingua.

Gli autori propongono una linea di pensiero attinta dalla filosofia del linguaggio, in cui "i professionisti centrati sulla soluzione si affidano a quella che potrebbe essere chiamata 'interazione creativa', dove il significato viene creato negli eventi della vita tra le persone e questa è la base per il cambiamento centrato sulla soluzione" e in qualche modo presentano l'idea che "i pensieri personali [...] non hanno la qualità di controllo a volte loro attribuita". Sarei lieto di accogliere in futuro ulteriori riflessioni sulla pratica centrata sulla soluzione in cui venga creato significato degli eventi della vita tra le parti attive di questi eventi, che si trovano nell'ambiente e all'interno del cliente. Questo è il luogo in cui l'idea di collegare i contesti esterni e interni potrebbe essere applicata in modo abbastanza pratico. Una delle proposizioni su come possiamo descrivere e mettere in pratica ciò è presentata all'interno del BBraveC Model della circolarità multidimensionale delle azioni (Switek, 2019).

Nell'articolo si legge "il focus sulla conversazione è sull'interazione tra le persone" e viene proposta l'idea di "altro significativo". La mia pratica e la mia valutazione messa assieme grazie alle risposte del mio cliente suggeriscono che, almeno qualche volta, parlare di relazione con "altri significativi" potrebbe essere inteso in modo più ampio e coinvolgere un "sé significativo" in cui il cliente considera la relazione con il proprio "sé". Anche "altro significativo" potrebbe riferirsi alla relazione con qualsiasi altro essere vivente, così come con parti del mondo materiale.

Un altro punto che potrebbe essere descritto meglio in futuro è l'aspetto della comprensione del linguaggio. La mia impressione è che gli autori indirizzino principalmente il linguaggio alla comunicazione verbale. Sebbene sia chiaramente affermato che "il linguaggio è l'elemento chiave nella pratica centrata sulla soluzione", l'importanza della comunicazione non verbale potrebbe essere migliorata e maggiormente affrontata nelle descrizioni future. Suoni, movimenti, immagini, forme e così via, durante anni di sviluppo SF, sono stati incorporati in modo creativo in pratiche centrate sulla soluzione.

La visione dell'uomo, la visione dell'essere umano all'interno della pratica centrata sulla soluzione è piena di speranza, accettazione e ammirazione. In effetti, apprezziamo i nostri clienti, e gli autori descrivono direttamente quella attitudine presentata dai professionisti che utilizzano la pratica orientata alla soluzione. Questo è uno dei motivi per cui lavoriamo sulla base di quelle che vediamo come risorse del cliente. Allo stesso tempo, la tradizione centrata sulla soluzione ci invita a utilizzare un linguaggio dinamico mentre descriviamo le potenzialità del cliente. Il mio desiderio è che mentre promuoviamo l'importanza del linguaggio all'interno del nostro approccio, potremmo combinarlo con l'idea di utilizzare descrizioni dinamiche piuttosto che quelle basate sulla valutazione di altre persone. Possiamo leggere nel testo che i clienti "sono pieni di risorse, competenti e resilienti". Dal mio punto di vista è il comune gioco linguistico centrato sulla soluzione, purtroppo triste, in cui affermiamo di complimentarci con i nostri clienti, che lavoriamo sulla base delle loro risorse, e infatti basiamo i nostri complimenti sul modello di valorizzazione degli esseri umani. Il mio punto di vista su questo è chiaro e dice che anche valorizzare, equivale ad etichettare un'altra persona, anche se fatto complimentandosi con una persona, è un processo alla base del razzismo, qualsiasi discriminazione è basata sul fare persone "migliori o peggiori". Attendo il momento in cui, anche nel nostro mondo SF, ciò possa diventare non etico. Quello che penso è che "tutte" le discriminazioni, compreso il razzismo, utilizzano modelli di valutazione delle altre persone. Per valorizzare intendo "definire la natura della persona, la sua identità" e riferirmi a "etichette". Spesso lo schema generale si basa su "sei bravo contro cattivo", "sei a posto contro non sei a posto". Alcuni possono provare a dare valore a "etichette" positive, come molti fanno in SF, ma è ancora l'uso di un "modello di valutazione degli altri". Nella mia immaginazione, "valorizzare" è uno degli sfondi delle discriminazioni, in cui definisco qualcuno come "buono o cattivo" e in tale situazione è più facile compiere azioni che possono essere viste come discriminazione. Voglio promuovere stili SF dove smettiamo di "definire la natura degli altri", dove smettiamo di "valorizzare le persone", anche usando etichette positive, poiché nella mia mente è solo una continuità, un "gioco linguistico" ed è in qualche modo "dimenticata" l'idea di Steve de Shazer di descrivere i clienti con l'uso di linguaggi dinamici, descrivendoli attraverso azioni, potenzialità e non attraverso la cosiddetta natura.

Venendo ad alcune considerazioni finali sulla formulazione. Il documento presentato fa riferimento ad alcune dicotomie, mentre descrive la pratica centrata sulla soluzione. Due dicotomie di base sono: problema contro soluzione e discorso sul problema contro discorso sulla soluzione.

Da un punto di vista storico, è abbastanza facile capire le circostanze in cui i nomi come "problema" o "soluzione" sono stati utilizzati all'interno del vocabolario centrato sulla soluzione. Alcuni di voi sapranno che il mio lavoro all'interno della cosiddetta pratica centrata sulla soluzione evita termini come "problemi", "soluzioni", "discorso sul problema" o "discorso sulla soluzione". Invece di ciò uso parole come "indesiderato", "meno ricercato", "più desiderato", "voluto" e "discorso utile", che possono essere intese, come esperienza comune tra professionista e cliente, che si definisce utile per il raggiungimento di quanto voluto e scelto da quest'ultimo.

Non posso semplicemente resistere ad esprimere la mia ammirazione agli autori, anche per il modo in cui hanno descritto gli argomenti chiave nella pratica centrata sulla soluzione. È un'ottima idea presentare la nostra pratica principalmente attraverso gli obiettivi, piuttosto che da una prospettiva strumentale. Ciascuno dei nostri interventi è pensato per qualcosa. Lo scopo è molto più dominante dello strumento, è il modo in cui vogliamo raggiungere tale scopo. La raccolta degli argomenti nella pratica centrata sulla soluzione descritta nel documento, sembra essere assolutamente sufficiente, purché ricordiamo che qualsiasi argomento, qualsiasi esperienza che autorizza i clienti a raggiungere la situazione desiderata, potrebbe essere trattata come parte integrante del nostro approccio centrato su qualcosa. Possiamo fare domande, possiamo rispondere alle domande, possiamo agire in qualsiasi modo etico, purché tutti facciamo del nostro meglio per seguire le regole:

Continua ciò che funziona!

Quando necessario, agisci in modo diverso!

Immagina quello che desideri!

Bibliografia

de Shazer, S., Berg, I. K. (1995). The brief therapy tradition. In: Weakland, J. H., Ray, W. A. (Eds), *Research Institute Propagations: Thirty years of the influence from the Mental* (pp. 249-253). New York: Routledge.

Hoyt, M. F. (2001). A conversation with Steve de Shazer and John Weakland. In: *Interviews with brief therapy experts*, New York: Routledge.

Switek, T., Panayotov, P., Strahilov, B., (2018). Making waves. Solution Focused practice in Europe. Sofia: EBTA.

Switek, T. (2019). BBraveC. Workshop presented at SFBTA conference, Montreal, Canada, 2019, http://www.centrumpsr.eu/wp-content/uploads/2019/12/BbraveC.pdf, Accessed 31.7.2020.

Vaihinger, Hans (1911), *Philosophie des Als Ob*, Leipzig: F. Meiner.

Autori

Peter Sundman, BA, assistente sociale, supervisore clinico, istruttore, formatore di psicoterapia con licenza Solution Focused, consulente, coordinatore della rete TaitoBa House Solution Focused. Annankatu 29 A 12, 00100 Helsinki, Finlandia.
Email: peter.sundman@taitoba.fi

Matthias Schwab, MA, Psicologo, MA, Belle Arti. Terapeuta, istruttore, formatore e supervisore centrato sulla soluzione in uno studio privato. Membro del comitato editoriale del Journal for Solution Focused Practices. Supporta "sculture sociali" nel lavoro all'interno della Free International University e del Solution-Focused Collective. Türkenstraße 3, 91522 Ansbach, Germania.
Email: matthias@the-void.org

Dr. Ferdinand WOLF, psicologo clinico, psicoterapeuta centrato sulla soluzione sistemica in uno studio privato, formatore di psicoterapia centrato sulla soluzione sistemica autorizzato, supervisore e formatore. Siget 61, A-7053 Hornstein, Austria.
Email: ferdinand@wolf.co.at

Marie-Christine Cabié, psichiatra, direttore medico di un reparto ambulatoriale e di degenza a Parigi. Psicoterapeuta, formato e formatore in Terapia Familiare, SFT, Modello di Bruges, Ipnoterapia Ericksoniana. Presidente di EBTA.
Email: mc.cabie@orange.fr

John Wheeler, MA, UKCP Psicoterapcuta sistemico registrato. Membro a pieno titolo di Solution Focus in Organizations. Ex membro del consiglio di EBTA. Ex Presidente IASTI. Ex membro del comitato editoriale per Journal for Solution Focused Brief Therapy. Responsabile del Centro per Formatori Centrati sulla Soluzione. Docente esterno alla Newcastle University. 5 Giardini Runhead, Ryton. NE40 3HH. UK.
Email: John@johnwheeler.co.uk

Rytis Pakrosnis, BA in Psicologia, MA in Psicologia della salute, PhD in Scienze sociali (Psicologia), Psicologo certificato EuroPsy,

professionista centrato sulla Soluzione in uno studio privato e presso la clinica di psicologia della Vytautas Magnus University, professore associato presso l'Università Vytautas Magnus (Kaunas, Lituania), professore in visita presso l'Università di Varsavia (Polonia), membro del gruppo editoriale per la rivista Solution-Focused Literature journal e per Frontiers in Health Psychology, ex co-editore dell'International Journal of Solution-Focused Practices. Biliuno g. 46, Kacergine, LT53447, Lituania.
Email: rytis.pakrosnis@vdu.lt

Michael Klingenstierna Hjerth, M.SC in psicologia, BA in filosofia, Psicologo autorizzato. Psicologo clinico, formatore e supervisore presso Solutionwork Institute. Co-fondatore del Solutionwork Institute Stockholm, Presidente dell'International Solution-Focused Training Institutes (IASTI), ex segretario dell'EBTA, ex membro del gruppo editoriale dell'International Journal of Solution-Focused Practices. Autore di due libri sulla Solution-Focus e sulla neuropsichiatria. Segelflygsgatan 39, 12833, Skarpnäck, Svezia.
Email: michael@solutionwork.se

Revisori

Thorana Nelson, Ph.D., professoressa emerita di terapia familiare alla Utah State University. Membro fondatore ed ex segretario / tesoriere della Solution-Focused Brief Therapy Association. Prima del pensionamento, ha usufruito di una formazione centrata sulla soluzione e della supervisione della Terapia Breve Centrata sulla Soluzione. Autore / editore di numerosi libri SFBT, tra cui, Solution-Focused Brief Therapy With Families (Routledge, 2019).

Dr. Alasdair Macdonald, psichiatra consulente da 30 anni, terapeuta familiare iscritto e supervisore. Terapeuta breve per 25 anni, terapista centrato sulla soluzione dal 1988. Pubblicazioni sui risultati della psicoterapia e altri interessi. Precedentemente

titolare della carica, European Brief Therapy Association. Ex Direttore Medico; ora formatore indipendente e consulente di gestione in Cina e altrove.
Email: macdonald@solutionsdoc.co.uk

Arild Aambø, medico e consulente senior presso l'Istituto Norvegese di Sanità Pubblica. Docente esterno presso l'Università di Oslo e OsloMet. Fondatore e dal 1994 al 2004 dirigente del Workshop of Primary Health Care (PMV) a Oslo. Formatore in SFBT in collaborazione con Berg e de Shazer in Norvegia e all'estero. Ha pubblicato diversi articoli e capitoli di libri sul lavoro centrato sulla soluzione e una monografia sui colloqui orientati alla soluzione (2004).

Sukanya Wignaraja (MSc Oxon), Terapeuta certificata centrata sulla soluzione e formatrice in uno studio privato a Colombo, Sri Lanka. 75 Kynsey Road, Colombo 0800, Sri Lanka.
Email: wignaraja@gmail.com

Guy Shennan, terapeuta, formatore, consulente, specializzato nella pratica centrata sulla soluzione. Membro fondatore della UK Association of Solution Focused Practice. Fondatore del collettivo centrato sulla soluzione. Assistente sociale, ex presidente della British Association of Social Workers. 36 Shepton Houses, Welwyn Street, London E2 0JN, Regno Unito.
Email: guyshennan@sfpractice.co.uk

Switek Tomasz, Master in prevenzione sociale e riabilitazione, terapeuta SF certificato, formatore e supervisore. Fondatore del Centro SFA, Polonia. Membro del consiglio dell'EBTA e dell'International Alliance of Solution-Focused Teaching Institutes (IASTI). Tomasz ha creato Situations Focused Open Model.
Email: tomaszswitek@centrumpsr.eu